HANS ULRICH GUMBRECHT

PROVINZ

ZU KLAMPEN

Reihe zu Klampen Essay
Herausgegeben von
Anne Hamilton

Hans Ulrich Gumbrecht, Jahrgang 1948, studierte Romanistik, Germanistik, Philosophie und Soziologie und lehrte an den Universitäten Konstanz, Bochum und Siegen. 1989 wurde er auf einen Lehrstuhl für Komparatistik an der Stanford University berufen. Bis 2020 war er dort »Albert Guérard Professor in Literature«. Er ist ständiger Gastprofessor an der Universidade de Lisboa und Professor of Literature (2020–2023) an der Hebrew University in Jerusalem. Bei zu Klampen ist zuletzt von ihm erschienen: »Digital_ Pausen. Konturen einer flüchtigen Gegenwart« (2015).

HANS ULRICH GUMBRECHT

Provinz

Von Orten des Denkens und der Leidenschaft

zu Klampen ESSAY

Inhalt

Kronleuchter in der Tiefe des Tals: Würzburg

NIEMAND hat je herausgefunden, warum Heinrich von Kleist, aus Frankfurt kommend, mit seinem zehn Jahre älteren preußischen Freund Ludwig von Brockes am 9. oder 10. September 1800 in Würzburg haltmachte. Dort erlebte er einen Monat später seinen dreiundzwanzigsten Geburtstag und reiste bald nach Berlin weiter, von wo er am 27. Oktober der Lieblingsschwester Ulrike schrieb. In fünf ausführlichen Briefen aus den Würzburger Wochen an Wilhelmine von Zenge, seine Verlobte, war Kleist ab und an auf ein für das erhoffte gemeinsame Leben bedeutendes Anliegen zu sprechen gekommen, das er aber »gewiss« noch nicht »mittheilen« könne. Gefallen an der Stadt mit ihrer Umgebung und den damals zwanzigtausend Einwohnern, keine geringe Zahl in einem als Staat noch nicht existierenden Deutschland von ungefähr fünfeinhalb Millionen, Gefallen an der Stadt fand Kleist erst gegen Ende des Aufenthalts. Wer je von außen auf Würzburg herabgeschaut hat, wird die wortreiche Genauigkeit seiner auf den 11. Oktober 1800 datierten Darstellung bewundern:

»Ich finde jetzt die Gegend um diese Stadt weit angenehmer, als ich sie bei meinem Einzuge fand; ja, ich möchte fast sagen, daß ich sie jetzt schön finde – und weiß nicht, ob sich die Gegend verändert hat, oder das Herz, das ihren Eindruck empfieng. (...)

Selbst von dem Berge aus, von dem ich Würzburg zuerst erblickte, gefällt es mir jetzt, u ich möchte fast sagen, dass es von dieser Seite am schönsten sei. Ich sah es letzin von diesem Berge in der Abenddämmerung, nicht ohne inniges Vergnügen. Die Höhe senkt sich allmählig herab u in der Tiefe liegt die Stadt. Von beiden Seiten hinter ihr ziehen im halben Kreise Bergketten sich heran u nähern sich freundlich, als wollten sie sich die Hände geben, wie ein paar alte Freunde nach einer lange verflossenen Beleidigung – aber der Main trit zwischen sie, wie die bittere Erinnerung, u sie wanken, u keiner wagt es, zuerst hinüber zu schreiten, u folgen beide dem langsam scheidenden Strome, wehmüthige Blicke über die Scheidewand wechselnd.

In der Tiefe, sage ich, liegt die Stadt, wie in der Mitte eines Amphitheaters. Die Terrassen der umschließenden Berge dienen statt der Logen, Wesen aller Art blickten als Zuschauer voll Freude herab u sangen u sprachen Beifall, oben in der Loge des Himmels stand Gott. Und aus dem Gewölbe des großen Schauspielhauses sank der Kronleuchter der Sonne herab u versteckte sich hinter der Erde denn es sollte ein Nachtstück aufgeführt werden.«

Ein kompaktes Gegenstück zu dieser allegorisch ausgemalten Bewegung der vom Fluss getrennten Berge, »wie ein paar alte Freunde nach einer lange verflossenen Beleidigung«, und des Tals von Würzburg als »Amphitheater eines Nachtstücks unter sinkendem Kronleuchter« lieferte vor Jahrzehnten die Tourismus-Abteilung der Stadt mit ihrer Erfolgsformel von Würzburg als »Weinfass an der Autobahn«. Kleist hingegen hatte zunächst vor allem Dunkelheit registriert: »Wir sind also aus unserem Gasthofe ausgezogen, in ein kleines, verstecktes Häuschen (...). Es ist ein Eckhaus, auf drei Seiten, ganz nahe, mit Häusern umgeben, die finster aussehen, wie die Köpfe, die sie bewohnen.« Und die dunkle Hektik des katholischen Gedränges steigerte sich für den protestantischen Besucher aus Frankfurt an der Oder zu einem Eindruck chaotischer Enge: »Das Ganze hat ein ächt katholisches Ansehn. Neun u dreißig Thürme zeigen an, daß hier ein Bischoff wohne, wie ehemals die ägyptischen Pyramiden, daß hier ein König begraben sei. Die ganze Stadt wimmelt von Heiligen, Aposteln u Engeln, u wenn man durch die Straßen geht, so glaubt man, man wandle durch den Himmel der Christen. Aber die Täuschung dauert nicht lang. Denn Heere von Pfaffen u Mönchen, buntscheckig montirt, wie die Reichstruppen, laufen uns unaufhörlich entgegen u erinnern uns an die gemeinste Erde. Den Lauf der Straßen hat der regelloseste Zufall gebildet. In dieser Hinsicht unterscheidet sich Würzburg durch nichts, von der Anlage des gemeinsten Dorfes.«

Für eine solche Ambivalenz von Impulsen der Faszination und Distanznahme als Reaktion auf eine allzu geschlossene Welt stand um 1800 das Wort »Provinz« noch nicht zur Verfügung. So gab Kleist dem Gegensatz die Form eines Übergangs vom »Himmel der Christen«, der bald in die »Anlage des gemeinsten Dorfes« umschlagen sollte. Doch zwischen diesem anfänglichen Changieren seines Erlebens und dem entschlossenen Pathos im Heraufbeschwören eines »Amphitheaters« für das »Nachtstück« vor freudigen Zuschauern gegen Ende der Würzburger Zeit hatte er schon die »sehenswürdige Gallerie von Vögeln u Moosen« bestaunt, die von einem Professor Blanck »bei der hiesigen Universität« zusammengestellt worden war, und konnte sich auch im Julius-Hospital kaum satt sehen an »einem anatomischen Theater u einem medicinisch-chirurgischen Auditorium«, vor allem an dem »vergitterten Platz für die Verrückten.« Manch »Ekelhaftes, manches Lächerliche, viel Unterrichtendes u Bemitleidenswertes,« nahm er dort wahr, »ein Paar Menschen lagen übereinander, wie Klötze, ganz unempfindlich, u man sollte fast zweifeln, ob sie Menschen zu nennen wären«. Besonders ein »18jähriger Jüngling, der noch vor Kurzem blühend schön gewesen sein soll u noch Spuren davon an sich trug«, nahm Kleists Blicke in Beschlag. Nun »hieng er da über die unreinliche Öffnung, mit nackten, blassen ausgedorrten Gliedern, mit eingesenkter Brust, kraftlos niederhängendem Haupte«. Als eine Art von Diagnose wohl kam Kleist der vage Hauch jener moralischen Verurteilung in den Sinn, welche so viele Generationen über das Masturbieren verhängt hatten: »So schrecklich rächt die Natur den Frevel gegen ihren eigenen Willen!« Die drastisch kontrastierenden Bilder zu vergessen, die ihm Würzburg vor Augen brachte, scheint Kleist – auch mangels prägnanter Begriffe und Erklärungen (»eigentlich weiß ich mich nicht recht auszudrücken«) – schwergefallen zu sein. Am Ende musste er sich beinahe losreißen von jenem Tal mit seinen Verrückten, Mönchen, Pfaffen, Glocken, Türmen und dem imaginären Kronleuchter – je mehr, desto weniger er am Ende wusste, warum er je dort angelangt war.

Der gegenläufige Drang, sich in das Tal zu vertiefen, ja beinahe einzugraben, ist mir vertraut, seit ich mich an meine Gedanken erinnern kann. Mitte Juni 1948, als meine Mutter ihren Sohn in Würzburg zur Welt brachte, muss die Stadt noch wie das Ruinenfeld ausgesehen haben, das ein alliierter Bomberangriff am 16. März 1945 hinterlassen hatte – zusammen mit fünftausend Toten und der Bereitschaft der Überlebenden zu bedingungsloser Kapitulation, um die es dieser militärischen Aktion gegangen war. Die zerstörten und noch nicht im beflissenen Nachkriegstakt wieder aufgebauten Mauern wurden in unserer Kinder-Phantasie zu einer Landschaft aus Burgen, Rittern, Schwertern und Turnieren, die wir liebten, die uns umarmte und über deren Rand wir nur manchmal am Samstag oder Sonntag entkamen.

Helmstadt in Richtung Frankfurt zum Beispiel war das Dorf, wo mein Vater zur Grundschule gegangen war und wo wir Verwandte hatten, die jeden Herbst zum Schlachtfest einluden. Mutprobe und Ehre sollte es sein, zusehen und zuhören zu können, wie unter Nackenschlägen quiekend Schweine verendeten und Hühner noch rannten, deren fedrige Hälse schon umgedreht zum Boden hingen; wie Leute, die ich »Onkel« und »Tante« nannte, mit den Messern in ihren großen Händen gekonnt blutige Tierleichen in Hundefutter und die besser geformten Teile zerlegten, die in der dampfigen Küche fürs Fest am Tisch gesiedet oder gebraten wurden. Mit all ihrer fleischigen Herzlichkeit schloss die auf ihre Weise gedrängte Welt der Bauern die Gäste aus der Stadt ein, um uns dann bald vollgestopft mit Würsten und Speckschwarten wieder ins Tal zu schieben. So ging es auch in Theilheim, dem staubig leeren Dorf auf der anderen Seite des Flusses, dessen Bewohner mit Wörtern sprachen, die uns oft nicht einmal ahnen ließen, was sie eigentlich sagen wollten. Oder mit Thüngersheim, neun Kilometer flussabwärts und der Bahnlinie entlang, von wo Dietmar Prusko ins Gymnasium kam, der viel erwachsener war als wir Städter, weil er zu Hause schon mit zwölf oder dreizehn mehrere Gläser Wein trinken durfte. Statt uns zu »empfangen«, wie Kleist geschrieben hatte, wies uns die »schöne Gegend« um Würzburg immer wieder schnell ins Tal zurück.

Schon vor der Gymnasiumszeit hatten wir die Erstkommunion in schwarzen Anzügen mit Fliege gefeiert, die Mädchen weiß herausstaffiert, nach langen Wochen von Beicht- und eben Kommunionunterricht. Sogar zum Ministranten war ich für ein Jahr geworden, um in engelhaften Gewändern hinter dem Priester kniend den Moment der Wandlung einzuläuten, eine Ehre auch das, ganz anders als die Ehre des Schlachtfests, aber mit ebenso wenig Gewinn oder Freude. »Wenn der Priester dich anfasst, dann lässt du es uns wissen«, hatte der Vater wie selbstverständlich gesagt und mir die Frage im Kopf gelassen, was er denn wohl meinen mochte, die zu dem vagen Eindruck führte, es könnte zu tun haben mit jener »Unkeuschheit« aus dem sechsten Gebot des Beichtspiegels, einer von Sünden noch nicht auffüllbaren Dimension hinter sieben Siegeln für mich – und zugleich einer vielversprechenden Vorwegnahme von Sünde an sich. Nicht wenige Stunden verbrachten wir jeden Freitagnachmittag vor dem Beichtstuhl mit Reue-Gebeten und den verschiedensten schmerzhaften wie glorreichen Rosenkränzen, alles in der nach salzigem Weihwasser riechenden neuromanischen Sankt-Adalbero-Kirche, deren Stadtpfarrer schon deshalb niemanden anfasste, weil sein Leibesumfang die kurzen Arme auf Distanz von allen anderen Körpern hielt – sogar von der durch und durch schwarzhaarigen Pfarrschwester Gertrud.

Selbst Kommunionkinder spürten einen Drang im Tal der Kirchen, Türme und Glocken, den seine

Gebote, Regeln und Warnungen nie ganz zurückhalten konnten. Aufbewahrt war er auch im Photo-Album der Eltern von ihren Würzburger Kriegswochenenden als Medizinstudenten mit dem Paddelboot auf dem Main. Die zukünftige Mutter, gerade aus Marburg angekommen, mit einem zugleich züchtigen und damals wohl lasziven »zweiteiligen Badeanzug«, der Vater versteckte Altwässer ansteuernd, beide mit gebräunten Gesichtern auf schwarz-weißen Photos und voll von praller Ungeduld – diesseits der Stalingrad-Angst und der Angst vor dem Ende des Kriegs, reimte ich mir später zusammen. So kannte ich die Flamme derselben Eltern, die mich zehn Jahre später am Sonntagmorgen in die Kirche schickten und nie eine Antwort auf die ebenso unschuldige wie ungeduldige Frage hatten, warum sie denn nicht auch zur Messe kämen. Schon vor der Schulzeit hatte mir die Mutter anvertraut, dass Tabletten im Rührei für besseren Schlaf sorgten an den Abenden, wo der Vater Nachtdienst in der Klinik hatte. Nichts war folgerichtig, wie die Erwachsenen gesagt hätten, nichts war folgerichtig zu Ende gedacht, verboten oder auch nur zu Ende gesagt, und um so härter pulsierte in der Enge ein unsichtbares Leben, das ein wegen seiner komplizierten Sätze sehr bewunderter Studienkollege später einmal voller Bewunderung das »unheimlich Freudianische« an der Stadt nennen würde. Sollte dies die Energie von Kleists »Nachtstück« mit dem »Kronleuchter« gewesen sein?

Männer in der Nähe der Mutter machten mich unruhig, schon lange bevor ich wusste, warum. Denn ich hing an den Lippen meines Vaters, des gutaussehenden, charismatischen Chirurgen, dessen Stimme und Worte oft so hell und so unsicher klangen, dass ich für ihn etwas mir ganz Unbekanntes beweisen zu müssen glaubte. Dies änderte sich nicht einmal, als sich die vorweggenommene vage Sünde der Kommunion-Kindheit endlich mit einer Leidenschaft füllte, die mich jede Nacht auf die andere Seite des Tals radfahren ließ zum Haus meiner Freundin, nach »Höchberg«, wie dieser Stadtteil hieß. Ihre Eltern waren schon schlafen gegangen, und wir hatten ein paar Stunden, bis die Uhr daran erinnerte, dass mein Vater angeblich in dreißig Minuten aufwachen würde. Ob uns die Eltern auf beiden Seite des Tals ihre geschlossenen Augen und auch die Furcht schenkten, welche Leidenschaft braucht? Alles wollte ich damals sein – und beweisen: ein Schriftsteller schon; immer noch ein gläubiger Katholik, aber jetzt mit Freiheiten, die mir niemand geben konnte; ein torgefährlicher Wasserballspieler, so gut es ging; vor allem Renates muskulöser Liebhaber, obwohl ich wusste, dass ich nicht der erste und vielleicht auch nicht der einzige war. Zweifel, Verbote, Strafen und die Enge unterstützten mich immer. Mit einer Ohrfeige an der Haustür begrüßt zu werden, weil »ein guter Bekannter« uns »am hellichten Tag« hatte küssen sehen, das kam mir gerade recht. Ich strafte mit Wochen begeistert eingehaltenen Schweigens zurück und habe danach mit meiner Mutter nur noch das Nötigste geredet.

»Zu-Hause« war ohnehin eher das Siebold Gymnasium, der wuchtig gedrungene Schulbau im selben »neoromanischen« Stil der Erstkommunion-Kirche, nach Philipp Franz von Siebold benannt, einem Würzburger Arzt und dem angeblich ersten deutschen »Japan-Forscher«. Während der Jahre vor dem Abitur wurden wir dort mit »Sie« angeredet und durften die zweimal fünfzehn Minuten Pausenzeit rauchend in der Grünanlage gegenüber dem Schulportal verbringen, nachdem wir aus einer bunkerähnlichen Versenkung des Gebäudes bei Hausmeister Leidl die übliche Flasche Kakao als »Schulspeisung« abgeholt hatten. Unsere Studienräte pochten auf ihr bayerisches Recht, den Professorentitel zu führen, und pflegten verschiedene Varianten von pädagogisch-akademischem Ehrgeiz. Professor Hans Morgenroth, der »Erdkunde«-Lehrer zum Beispiel, berichtete hartnäckig begeistert von der Bereitschaft »der Asiaten, mit einer Handvoll Reis durch den Tag zu kommen«, und erging sich auch in dunklen Andeutungen über »die Wahrheit« der damals jungen deutschen Vergangenheit, die uns zu erschließen »das Kultusministerium und die Sieger« unter Androhung der Kündigung verböten. Seine Anspielungen auf mögliche Strafen waren leider wohl eine Oktave zu dramatisch gegriffen, denn mit dem Nachhall von Treue zum

Nationalsozialismus war unsere Generation noch allemal konfrontiert. Auch mit Wortsprengseln aus den zwölf Jahren vor dem Ende jener ganz anderen Welt, die so präsent wie ungreifbar blieb. »Der Führer«, sagte mein Vater manchmal, oder »Heil Hitler«, und lächelte unverbindlich, doch das kam nur in der Familie oder in der Gegenwart ganz guter Freunde vor, die meist so aussahen, als wüssten sie auch nicht recht, worauf er denn hinauswollte.

Dr. Eduard Eisenmeier (der Doktortitel teilte unsere Lehrer-Professoren scharf in zwei hierarchisch getrennte Gruppen ein) versäumte keine Gelegenheit, die Schüler mit seinen Erinnerungen an die »sudetendeutsche Sache« und die daran geknüpften politischen Anliegen vertraut zu machen, doch er gehörte auch zu den damals nicht wenigen Studienräten, deren Berufsauffassung eine Komponente von »Forschung« einschloss. Als Germanist verwies er stolz und als ob es unerlässlich wäre, auf die Buchausgabe seiner »Vollständigen Bibliographie zum Erzählwerk von Adalbert Stifter«. Anders exzentrisch sah Erwin Engel aus, der uns Französisch beibringen sollte. Sein Krawattenknoten war nicht wie bei den Kollegen eng an den Kragen des Hemds gebunden, das demonstrativ ungebügelt blieb, im Drei-Tage-Rhythmus vernachlässigt war auch sein Bart, und schon auf den ersten Schritten vom Unterricht zum Lehrerzimmer zündete er die schwarze Gauloise an, um sie aus dem Mundwinkel zu rauchen. Ein sprichwörtlicher Franzose wollte Erwin Engel sein, der Akzent seiner Fremdsprachen-Sätze klang perfekt und stach die fränkischen Töne aus, wenn er, was selten genug vorkam, ins Deutsche wechselte, um die gnadenlosen Kriterien seiner Notengebung klarzumachen. Von Paris, Charles de Gaulle oder den großen Namen der französischen Kultur war eher wenig die Rede, denn Engel ging es um das verkörperte Dasein der anderen Alltagskultur mit einer Dringlichkeit, die vom Kontrast zu allen und allem anderen lebte. Manche von uns bewunderten ihn, weil er die Enge des Tals zerbrach – so dass ihn niemand ersetzen konnte, als er auf einer Busreise nach Dijon (warum ausgerechnet Dijon, fragten wir uns) den plötzlichen Herztod starb.

Die Totenmesse wurde zur »Pflichtveranstaltung« für alle katholischen Schüler erklärt, doch niemand dachte an Erwin Engel, als die Predigt von Walter Druckenbrot, dem Priester im Lehramt, unterstellte, sein letzter Atemzug habe sich nach dem Sterbesakrament gesehnt (was damals noch Bedingung für ein kirchliches Begräbnis war). Wie die fünf regelmäßigen Gottesdienste pro Jahr an unserer staatlichen Schule, fand auch diese Messe in Stift Haug statt, einer hochstrebend frühbarocken Kirche mit grau gebliebener Fassade, deren Türme innerhalb der für Kleist so bedrängenden Architektur von Würzburg ausgerechnet in der Nähe des Bahnhofs standen. Doch während die stets gleich gut gemeinten Druckenbrot-Predigten über uns hinströmten, fielen auch schon Blicke auf ein riesiges Kreuzigungsgemälde des Venezianers Tintoretto von 1587, dessen drohende Farben und Schwindel niemandem einen Kommentar wert waren, außer der Feststellung eben, dass »die Stift Haug ihren Tintoretto hatte«.

Nicht viel mehr wussten wir von der im frühen achtzehnten Jahrhundert gebauten »Residenz« der Fürstbischöfe, fünf Minuten zu Fuß von der Schulkirche entfernt, laut Brockhaus einem der bedeutendsten »Profanbauten der Aufklärung in Deutschland« und seit 1981 zur behaglichen Befriedigung vor Ort sogar als »UNESCO-Weltkulturerbe« geführt. Ähnlich ging es mit Walther von der Vogelweide, dem mittelhochdeutschen Minnesänger, Matthias Grünewald, dem genialen Maler der frühen Neuzeit in Deutschland, und Tilman Riemenschneider, dem emblematischen Bildhauer der Reformationsepoche. Bis heute sind die drei als Skulpturen auf dem Brunnen vor der Residenz vereint, da die Stadt mit historisch eher prekären Gründen ihren Ruhm für sich in Anspruch nimmt. Wissen über Vogelweide, Grünewald und Riemenschneider wurde nie zur Erfahrung. Ich musste fünfzig Jahre älter werden und auf einem anderen Kontinent leben, um das erste Mal zu fühlen, wie die Treppe zum Kaisersaal in der Residenz die Schritte beflügelt, und um mir Zeit für ihr berühmtes Deckenfresko zu nehmen. Ein anderer Venezianer, Giambattista Tiepolo, hatte es über die Jahre nach 1750 (wenige Monate nach der letzten Hexenverbrennung vor Ort) für ein Honorar gemalt, das die Steuern der Untertanen in kaum mehr erträgliche Höhen trieb. Eine Vision der damals bekannten »Vier Erdteile« erschloss das riesige Bild für die Fürstbischöfe und ihre Gäste, mit allen exotischen Phantasien aus Tiepolos Zeit und mit der gelassenen Eleganz einer Komposition, welche die fröhliche Vielfalt der Welten im geschlossenen Deckenhimmel der Provinz verdichtet.

Sudetendeutsche Sache und wissenschaftlicher Ehrgeiz, nationalsozialistischer Nachhall und schwarze Gauloises, Tintoretto und der Bahnhof, Tiepolos Erdteile und kleinteiliger Lokalstolz: So wie für die Leidenschaft und ihre Verbote wirkt das endlose Nebeneinander der Kontraste im Tal von Würzburg auch für Wissen und Kunst als Bedingung von Intensität wie Frustration. Mittelmaß und Ressentiment geben den Hintergrund für ein Leuchten der Größe ab – und manchmal absorbieren sie auch dieses Licht.

Dass mein Vater »Mainländer« war, genauer »alter Herr« der »Studentenverbindung Corps Moenania Würzburg«, hing wie ein dunkler Schatten über meinen Erwartungen an die Universität. Denn seine Mitgliedschaft schloss die nie auch nur diskutierte Gewissheit ein, dass ich ihm in einem Studentenleben aus reglementierten Trinkgelagen und »Pflichtmensuren« mit scharfen Waffen nachfolgen sollte, das mir wie der Kontrapunkt zu meinen sozialistischen und vielen anderen Pubertätsträumen vorkam. Warum unter allen Universitätsstädten im Land ausgerechnet Würzburg zu einem Ballungsort jener Extremform deutscher Geselligkeit geworden war, lässt sich nur schwer verstehen. Moenania, heißt es, wurde 1814 von vier Studenten im Geist der Aufklärung, der Offenheit (auch und gerade gegenüber jüdischen Kommilitonen), des Widerstands gegen die napoleonische Besetzung des »Vaterlands« (daher die scharfen Waffen) und der Hoffnung auf eine Reform der intellektuell dekadenten Universität gegründet. Ein Akt der Rebellion gegen den Geist des fürstbischöflichen Kleinstaats? Über das erste kurze Jahrhundert entwickelte sich die Verbindung freilich – wie alle anderen Burschenschaften und Corps – zu einer Loge bürgerlicher Selbstzufriedenheit und Exklusivität, deren öffentliche Zeichen bis heute die bei der Mensur davongetragenen und dann sorgsam gepflegten »Schmisse« sind. Von 1941 bis Ende 1944 allerdings kehrte Moenania todesmutig und heimlich gegen das von den Nationalsozialisten 1935 verhängte Verbot schlagender Verbindungen zum Leben in der eigenen Tradition zurück, um bald nach 1948 wieder einen konservativen Elitismus zu pflegen, der in der neuen Bundesrepublik exzentrischer bleiben sollte als in Würzburg.

Auch diese Variante der historischen Ambivalenz von Gesinnungen fand einen Ort in der Würzburger Universität als ihrer weiteren Umwelt. Sie geht auf einen gegenreformatorischen Gründungsakt im späten sechzehnten Jahrhundert zurück, was wie ein Emblem zu der Tatsache passt, dass der Geist philosophischer Spekulation oder der Wagemut der Künste in Würzburg nie recht in Bewegung kamen. Friedrich Wilhelm Joseph Schelling, der eine, 1803 an die Universität berufene bedeutende Philosoph in ihrer Geschichte, hat es dort nur drei Jahre ausgehalten und tauschte 1806 eine Verwaltungsarbeit in München gegen seine akademischen Vorlesungen ein. Vor dem Hintergrund des – wie Schellings Fall zeigt – oft aggressiven Mittelmaßes in den Geisteswissenschaften entfaltete sich in Würzburg mit seinem barocken Zentrum und Geist jedoch eine überragende Tradition naturwissenschaftlicher Forschung. Zwei Professoren der Universität sind mit dem Nobelpreis für Medizin, drei mit dem für Chemie und vier mit dem für Physik ausgezeichnet worden, unter ihnen 1901 der erste Nobelpreisträger überhaupt, Wilhelm Conrad Röntgen, für die »Entdeckung der nach ihm benannten Strahlen«, wie an der Fassade seines Laborgebäudes (auf der anderen Seite des Bahnhofs) heute noch geschrieben steht.

Röntgen mag einer von jenen Einzelgängern gewesen sein, die zu Kosmopoliten werden, weil sie sich nirgends zu Hause fühlen. Er war 1845 am Niederrhein geboren, in Holland aufgewachsen und wurde auf Grund des (angeblich) unberechtigten Vorwurfs von der Schule verwiesen, die schmähliche Karikatur eines Lehrers gezeichnet zu haben.

Wie Albert Einstein ein halbes Jahrhundert nach ihm, fand er Aufnahme bei der Eidgenössischen Technischen Hochschule in Zürich, wurde an der Universität derselben Stadt promoviert, habilitierte sich in Straßburg und kam über die Landwirtschaftshochschule in Hohenheim nach Würzburg. Röntgen forschte allein, sah sich nie nach Assistenten um und hatte kein Interesse, seine Erfindungen zur Patentierung anzumelden. Auf dem Weg zu jener Entdeckung, welche die Medizin und das Verhältnis der Menschen zu ihren Körpern für immer verändert hat, schloss er sich im Herbst 1895 mehrere Tage in seinem Labor ein. Ein echtes Genie, ein typischer Psychopath vielleicht auch, besessen von dem Willen, über sein Sterben in der inflationären Armut des Jahres 1923 keine persönlichen Dokumente zu hinterlassen. Am Ende der Laborabsonderung von 1895 aber schien das gespenstische erste Röntgen-Bild von den Handknochen seiner Zürcher Frau auf, die glaubte, in ihnen »den eigenen Tod gesehen« zu haben.

Niemanden außer seiner Frau und einem gemeinsam adoptierten Mädchen scheint Röntgen je vermisst zu haben. In Würzburg stand ihm alle Zeit der Welt zur Verfügung für die Kontemplation über den komplizierten Apparaturen seiner Wissenschaft, die ihn 1901 zum ersten Nobelpreisträger machte, als er nach der Ablehnung eines Rufs von der damals bedeutenden Universität Leipzig auf Wunsch der bayerischen Regierung bereits von Würzburg nach

München gewechselt war. Das Preisgeld der Schwedischen Akademie spendete Röntgen jedoch noch der Würzburger Universität. Ich habe Spaß an der schrägen Idee, dass so zum »Kronleuchter« über dem »Nachtstück« aus Kleists Stadtbeschreibung das Röntgen-Gerät wurde, dessen Erfindung sich als der eine Moment herausstellte, als die Welt ihre Blicke auf »die Häuser in der Tiefe« meiner Vaterstadt richtete. Als der eine Moment, wo drängende Enge und Einsamkeit zu einem Durchbruch zusammenkamen, wie er sich allein in der Provinz ereignet. Erhabene naturwissenschaftliche Entdeckungen aus Situationen der Kontemplation hat es zwischen den Kirchtürmen und den Häusern der Studentenverbindungen immer wieder gegeben. Zum letzten Mal vielleicht vor einem halben Jahrhundert, als die aus Kroatien stammende Chirurgin Sabina Cvjetko mit ihrem Mann Horst Wullstein in Würzburg Mikro-Operationen des Innenohrs entwickelte, die seither Hunderttausenden von Menschen ihr Gehör erhalten haben.

Was wir »provinziell« finden und nennen, entsteht aus der immer wieder zu beobachtenden Form des Hin und Her zwischen hellen und dumpfen Elementen, solange sie nur in einer gemeinsamen Enge verbleiben, ohne sich aus dem Weg gehen oder gar entkommen zu können (deshalb vielleicht mussten uns die Dörfer um die Stadt immer wieder ins Tal zurückschicken). Helligkeit und Dumpfheit machen sich wechselseitig aus, nach je verschiedenen Mechanismen. Konventionen, Hierarchien, Verbote steigern nur die Leidenschaft, wie wir sie, ohne uns das immer klarzumachen, eher in der Provinz als in der Metropole erwarten, während umgekehrt mit jedem neuen Ausbruch von Leidenschaft auch deren Unterdrückung anschwillt. Dagegen wird intellektuelle Brillanz nicht notwendig vom Mittelmaß unterdrückt. Oft lässt gerade ahnungsloses Mittelmaß, dem Eifersucht allzu aufwendig wäre, den großen Intelligenzen und ihren Vorstellungen jenen Raum, den sie zur Entfaltung brauchen. Daraus kann mitten unter Provinzgestalten ein selbstzufrieden-freundlicher (und nur manchmal angestrengter) Stolz auf großartige Nachbarn entstehen.

Vom »Changieren« oder vom »Oszillieren« der Provinz habe ich gesprochen – und nicht von ihrer »Dialektik« zum Beispiel, weil sie solche Beziehungen am Leben halten, ohne die Provinz in die eine oder andere Richtung zu bewegen und zu entwickeln (was man bei »dialektischen« Dynamiken meist unterstellt). In meinen besseren Erinnerungen sieht Würzburg wie ein Tal aus Leidenschaften und den Spuren großer Intuitionen aus, das zwischen diesen Polen in bleibender Unsicherheit changiert. Doch auch eine ganz andere Bewegung, die bisher nicht zur Sprache gekommen ist, gehört zur Provinz. Denn ohne den Horizont einer viel größeren Stadt (nennen wir sie »Metropole«), deren Rang man herauf- und vor allem herunterspielt, gibt es keine Provinz, so wie auch die Metropole die Provinz als Kontrapunkt braucht, um sie selbst zu werden. Beide Seiten haben je zwei Verhältnisse zur anderen Seite, welche sich im Lauf verschiedener Lebensabschnitte immer wieder ablösen können. Überzeugt-selbstzufriedene Bewohner der Metropole und der Provinz verlassen sich gerne auf ein Horrorbild von der jeweils anderen Seite; doch ebenso existiert die aktive Frustration an der Metropole oder an der Provinz als Orten des Lebens, aus der ein Drang entspringt, auf die andere Seite zu entkommen. Im Gegensatz zur Metropole jedoch, die ihre Peripherie als eine undifferenziert homogene Provinz erlebt, liegt die Provinz meist in der Mitte zwischen einer Metropole und jenen drastischen Dörfern, die ihre Enge geschlossen halten.

Ohne großen Lokalpatriotismus in Würzburg aufgewachsen, habe ich fast das ganze Leben in Provinzstädten verbracht, mit den üblichen Einbrüchen von Sehnsucht nach einer Metropole. So wird man zum Provinztyp, ohne wirklich zu wissen, was dies bedeutet, weil sich jeder Provinzort in anderer Weise bewegt. Über eineinhalb Jahrzehnte ist Salamanca, Spaniens älteste und sprichwörtliche Universitätsstadt, genau zweihundert Kilometer westlich von Madrid und vierhundertsiebzig Kilometer östlich von Lissabon, ein scheinbar besseres Würzburg für mich gewesen. Sein Wappenspruch »Arte, Saber, y Toros« illustriert auf heute überraschende oder sogar irritierende Weise eine besondere Beziehung zwischen der Provinzwelt und dem sie umgebenden Land. Denn wie Würzburg (seine deutsche Patenstadt tatsächlich) ist Salamanca mit den jeden Morgen frisch aussehenden Sandstein-Monumenten aus der frühen Neuzeit, ist die Stadt der Konzentration von Kunst und Wissen (*arte*, *saber*) von einer Agrarlandschaft auf der kastilischen Hochebene umgeben, deren Kampfstiere (*toros*) bei Kennern in unvergleichlichem Ansehen stehen. Ihre Kraft kann eine Universitätsstadt nicht, sehr wohl aber ihren Ernst übernehmen. Und statt in einem Tal zu verschwinden, werden Salamancas Türme von weit her sichtbar, so dass an die Stelle von Enge mit dem Ernst auch Isolation und Abgelegenheit in einen weiten Raum treten 1969 und 1970, als ich dort zum ersten Mal lebte, dröhnten die Befehle von Francisco Francos Militärdiktatur durch die Straßen von Salamanca – und hielten Leidenschaften am Leben, die woanders nicht mehr verbindlich waren.

Dann wurde das ferienhafte Konstanz, isoliert zwischen den beiden Armen des Bodensees und dem Eingang der Schweiz, die nicht unbedingt offen sein will gegenüber dem nördlichen Nachbarland, zum Ort meiner akademischen Gesellenzeit. Mittelhoher Ministerwille hatte dort Ende der sechziger Jahre eine »Reform-Universität« eingerichtet, die zwar nie ihre süffige Selbstbeschreibung als »Klein-Harvard am Bodensee« ausfüllte, aber über den Experimentierstatus hinaus zu einer angesehenen Hochschule aufgestiegen ist. Und dies, obwohl (oder gerade weil) es Weltläufigkeit nicht geben konnte in einem Städtchen, das die Geschichte zwischen 1414 und 1418 zum letzten Mal mit dem »Konzil« zu einer gescheiterten Kirchenreform berührt hatte.

Eine ganz andere Provinz, die kein Ort des Geistes sein will, verbirgt sich in Idar-Oberstein, wo die Liebe meines Lebens herkommt, zwischen Felsenschluchten voll von Halbedelsteinen. Die Metropole an der Peripherie gibt es im Selbstbild von Idar-Oberstein nicht. Oder ist die Stadt bis Mitte des zwanzigsten Jahrhunderts zu edelsteinreich gewesen – und nun plötzlich zu arm geworden, um sich überhaupt in ein Verhältnis zu ihrer Umwelt zu setzen? Sehnsucht nach einer vagen Vergangenheit weht freundlich durch das Felsental, dessen Enge niemanden mehr bedrängt. Bilder von einer Zukunft aber, sollten sie je existiert haben, sind Idar-Oberstein verlorengegangen.

Eine abstrakte Formel oder eine schlanke Definition zur Beschreibung der Provinz wird sich jedenfalls nicht finden lassen. Dafür ist der Horizont von Phänomenen, auf die man mit dem Begriff anspielen kann, zu sehr abhängig von seinem Kontrast mit dem selbst nur in Varianten existierenden Gegenpol der großen Stadt, aber auch von regionalen oder nationalen Unterschieden (und von nur schwer fassbaren Verschiebungen in seiner Geschichte). Andererseits glauben wir alle, trotz solcher Instabilität, mit dem ambivalent starken Gefühl von »Provinz« vertraut zu sein – und es ohne Zweifel immer wieder zu erkennen. Schließung braucht der Provinzeffekt, so viel wissen wir, und die Kontrapunkte von Dörfern und von Metropolen an seiner Peripherie, um zwischen Dumpfheit und Helligkeit zu oszillieren, in Leidenschaft und Intellekt, ernst, freundlich, sehnsüchtig und oft, aber eben nicht immer, in einem Tal. Deshalb lässt sich das Nebeneinander der Fälle von Provinz wohl am besten mit einer fließenden Form des Beschreibens in den Blick bringen, das heißt entlang von Übergängen aus der Provinz zur Metropole und zurück, wie sie auch in der Geschichte und in Lebensläufen immer wieder vorgekommen sind.

Von der Provinz, wo ich aufgewachsen bin, wird das zweite Kapitel nach Paris während der sechziger Jahre gehen und dann in das Berlin der nach ihm benannten Republik, um das Kontrast-Konzept der Hauptstadt national und geschichtlich zu differenzieren. Die dritte Denkbewegung kehrt in die Provinz zurück und verfolgt die Energieaufladung von Weimar zu einem intellektuellen Zentrum Europas im späten achtzehnten Jahrhundert. Nach 1800 vollzog sich die Spätphase des klassischen Weimar gleichzeitig mit der Ausformung des Realismus in verschiedenen nationalen Literaturen, als dessen zentrales Motiv je spezifische Spannungen zwischen Hauptstadt und Provinz den bis heute gebrauchten Begriff vielleicht nachhaltiger geprägt haben als direkte Erfahrungen im Alltag. Diese literarische Aufladung der Vorstellung und des Begriffs von Provinz soll das Zentrum seiner Illustration ausmachen. Wie das fünfte Kapitel zeigen wird, haben klassische deutsche Universitätsstädte, Marburg zum Beispiel, im frühen zwanzigsten Jahrhundert weltweit geistige Energie abgestrahlt, ohne langfristig an ihrem Status festhalten zu können. Dass dies nicht möglich war, hatte zu tun mit dem Entstehen eines neuen Typs der im sechsten Kapitel heraufbeschworenen Riesenstadt außerhalb Europas, welche die Metropolen des literarischen Realismus zu Museen gemacht hat. Und von der aggressiven Riesenstadt gelangt die vorerst letzte Bewegung nicht mehr an die Peripherie einer klassischen Provinz, sondern zu jener suburbanen Welt, wo eine neue Dynamik des Geistes entstanden ist.

Eher als das Phänomen in einem linearen Prozess der Geschichte oder des Erkennens zu erfassen, verlangen das Nachdenken und das Schreiben über die Provinz, dass man sich beständig reflektierend den Dimensionen ihrer Bewegung aussetzt – wie damals Heinrich von Kleist zwischen der katholischen Enge seiner ersten Würzburger Tage und dem Kronleuchter des Nachtstücks, den er später über dem Tal herabsinken sah. Vor allem aber kennt, wer eine Zeit in der Provinz gelebt hat, den nervösen Drang auszureißen – ohne erst einmal zurückzublicken. Auch dies hat Kleist am Ende seiner Würzburger Tage vorgelebt.

Unterwegs zur Metropole: Paris, München, Berlin

Erwin Engel lebte die Sehnsucht vor, aus dem Tal und über die heftigen Dörfer um Würzburg hinauszukommen und ein anderes Land zu finden, das für ihn nur Frankreich sein konnte. Ungebügelte Hemden, das halbrasierte Gesicht und Zigaretten ohne Filter kamen zusammen in der vagen Utopie von einem Leben ohne Beflissenheit. Viel mehr wussten wir Schüler nicht über die Nation im Westen und schon gar nicht über ihre Hauptstadt, die beide zu lieben uns einige früh europabegeisterte Lehrer empfahlen, während andere Studienräte darauf bestanden, dass »wir« Frankreich seit 1871 »dreimal geschlagen« hatten, ohne je die »gerechte Belohnung« einzustreichen. Genug Zündstoff allemal, um einen Ausreiß-Impuls aufflammen zu lassen, als ich sechzehn war und von der Schwester meines Vaters eingeladen wurde, mit ihr, ihrem Mann, meinen beiden Kusinen und dem Vetter auf eine »kurze Osterwoche« nach Paris zu kommen. Schöne Freundlichkeit war das, zusammen mit der gutmütig überzogenen Erwartung, ich könnte nach sechs Monaten Französischunterricht imstande sein, für uns alle zu dolmetschen. Vor allem gab es ein Versprechen für meine Sehnsucht nach der wirklichen Welt, die ich mir – ohne Konturen noch – vorzustellen begann, aber jedenfalls ganz anders als die Welt zu Hause.

Emil, der angeheiratete Onkel, war im Würzburger Tal aufgelebt. Als gelernter »Volksschullehrer«, wie man damals sagte, und respektierter Offizier während des Kriegs aus dem noch engeren Nürtingen in Schwaben gekommen, nahm er die Ankündigungen der neuen Zeit in all ihren Dimensionen wahr, wurde wohlhabend genug für einen Konzertflügel und den privaten Pianolehrer, sammelte abstrakte Kunst, ließ sich zum Vorsitzenden der »Jüdisch-deutschen Kultusgemeinde« wählen und schwärmte von Frankreich, dessen Sprache zu lernen, sagte er, der Blitzkrieg nicht genug Zeit gelassen habe. Statt mit dem unter Wirtschaftswunder-Gewinnern obligatorischen Mercedes, an dem meine Eltern ihren Erfolg maßen, brachen wir in zwei schwarzen Citroën Déesse nach Paris auf, in einer heute vergangenen Zukunft jener mittleren sechziger Jahre, mit Sitzen so weich, dass die Körper darin versanken, einer »hydraulischen Federung« (was immer sie bewirken mochte) und dem Design des schieren Fortschritts. Zügige drei Autobahnstunden vom sprichwörtlichen Weinfass entfernt, schlug an der Saarbrücker Grenze mein erster Moment von Dolmetscher-Bewährung. Bei einer »maison verre« sollten wir unsere Pässe vorzeigen, wies der Zöllner an, und Erwin Engels Lektionen allzu hastig in die Praxis umsetzend, dachte ich, es gehe um ein »grünes Haus«, eine »maison verte« – das natürlich unauffindbar blieb. Bis heute schmerzt die alte Narbe jenes Augenblicks, an den sich schon niemand mehr erinnerte, als wir, am Glashaus vorbeigewunken, über Metz in Richtung Champagne fuhren. Die linke Hand am futuristisch geformten Steuer und mit der rechten fast liebend über die Bilder der Landschaft gleitend, erzählte Emil uns Jungens mehr von den Leichen des Stellungskriegs zwischen 1914 und 1918, den er selbst nicht erlebt hatte, als über den bei seinen deutschen Generationsgenossen so beliebten Blitzkrieg von 1940.

Nie mehr nach Hause zurück, ging es pulsierend durch meinen Kopf und ließ mich Épernay, die kleine historische Hauptstadt des Champagners in der Nähe von Reims, wo wir übernachteten, schon als große Welt erleben, weil der Kellner beim ersten Abendessen uns formvollendet als »Mesdames« und »Messieurs« anredete, allen ohne Bedenken oder Fragen den Wein nachschenkte, langsam genug für mich sprach und sogar ab und an ein harmloses Kompliment über meine französischen Wörter fallen ließ. In Würzburg hätte sein Jackett nicht als weiß und die Fliege um seinen Hals nicht als gerade genug gegolten, doch für uns Citroën-Fahrer aus der deutschen Provinz eröffnete dieser Bruder von Erwin Engel in Körper und Geist die letzte Etappe auf der Fahrt zur Hauptstadt – hin zu einem Leben ohne Tal, Grenzen und Leidenschaft. Entlang einem Vektor versprochener Erfüllung, der auf Paris zeigte, bewegten wir uns. Beim Hotel »Étoile« an einer eher dunklen Straße nah dem Arc de Triomphe waren drei Zimmer für uns reserviert. Feierlich monoton kamen mir schon die bis ins Schwarze grauen fünfstöckigen Häuser vom Stadtrand bis zum Zentrum vor. Noch nie hatte uns eine Gegenwart derart aufgeweckt wie die von Paris, doch zugleich wusste niemand wirklich, was wir denn unternehmen sollten, da wir nun endlich angekommen waren.

Erst einmal allein zum Triumphbogen gehen, dann über die Champs-Elysées bis zur Place de la Concorde und schnell wieder zurück wollten mein Vetter und ich und waren schon mit dem Faltplan unterwegs zwischen unnahbaren Häusern. Nur ein paar zufällige Tupfer von Touristenwissen über die Metropole hatten wir mitgebracht, zum Beispiel, dass im Arc de Triomphe eine Flamme für den »Unbekannten Soldaten« brannte, und auch, dass auf der Place de la Concorde zwischen 1792 und 1794 die Guillotine viele Tausende »Feinde der Republik« um ihre Köpfe gebracht hatte. Sich Enthauptungen vorzustellen, schlug auf den Kreislauf, als wir dort standen, »ein Ort der Geschichte«, sagte ich feierlich, ohne sicher zu sein, was das bedeuten könnte. Auf dem Rückweg kauften wir bei einem Kiosk in der Mitte der Champs-Elysées so viele Revuen mit Nacktphotos, wie das eingetauschte Taschengeld hergab. Wir hatten ja unser eigenes Hotelzimmer. Eher enttäuschend war allerdings die

Kauftransaktion auf Französisch verlaufen: alle Zahlen für den Preis richtig verstanden, doch kein Dagegenhalten wegen unseres Alters und nicht einmal ein Grinsen »unter Männern«, also gar kein Interesse an unserem verbotenen Interesse. Was der alte Schlager »Ganz Paris träumt von der Liebe, denn da ist sie ja zuhaus« unseren Eltern und Teenager-Träumen angekündigt hatte, ging nicht auf in der gedruckten Gegenwart vom Hauptstadt-Sex.

Und der Louvre, durch dessen unendliche Gänge mit den immer gleichen römischen Statuen und den Rubens-fülligen Ölgemälden wir mit Ungeduld eilten, ohne Leonardos »Mona Lisa« zu finden, die uns ohnehin kaum bewegt hätte? Dann die Fahrt mit dem Bateau Mouche gegen den Strom auf dem gar nicht so breiten Fluss. Keine Melodie oder Symphonie in mehreren Tonlagen und Stimmen stieg aus all den Pflichtübungen der Bildungsreise auf, so sehr wir uns auch an den vier Abenden bemühten, das von entschlossen unfreundlichen Hauptstadt-Kellnern servierte Standardessen und die mageren Erinnerungen in Enthusiasmus hinüberzureden. So wie schon der Kioskbesitzer gleich nach der Ankunft hatte auch die Stadt mit ihren feierlichen Plätzen und prächtigen Straßen überhaupt kein Interesse an uns – was sie um so erhabener machte. Nicht einmal entziehen wollte sich das grauschwarze Paris mit seinen Gestalten und gab dabei eine Freiheit weiter, welche die fanatische Enge von Würzburg nicht zu bieten hatte. Es war die Freiheit derer, die sich irrelevant und überflüssig finden. Sehnsucht nach unserer eigenen Provinz stellte sich auch nicht ein inmitten dieser Freiheit, so dass der Tag der Rückfahrt für uns alle viel zu früh kam. Die Citroëns schienen um jeden Kilometer nach Osten gegen die Anziehung der Hauptstadt kämpfen zu müssen, und dieses Gefühl ließ nie mehr nach. Es machte mich stolz und auch etwas unsicher.

Seitdem brannten die Bilder von der plötzlich präsenten französischen Hauptstadt in der Erinnerung und machten die Leidenschaften des Tals zu Hause zur müden Routine. Daraus hätte ein resigniertes Leben werden können, ein Leben nach dem Stil von Erwin Engel vielleicht, wäre nicht die Bildungsfamilie von Philippe Graff aus Paris mit ihrem Peugeot in unsere Provinz gekommen, um bayerische Barock-Architektur kennenzulernen und die vier Kinder ihr Schuldeutsch einüben zu lassen. Bei Würzburg ausgerechnet suchte eine Nierensteinkolik den Familienvater heim, der auf die Station meines Vaters eingewiesen und schnell von ihm operiert wurde. Weil Philippe Graff, Ingénieur-en-Chef bei der französischen Bahn, als Elsässer viel passabler Deutsch als sein Nachwuchs sprach, wurden die beiden Herren einander sympathisch und vereinbarten ohne weiteres einen Schüleraustausch zwischen Bertrand Graff und mir, eher Zeichen ihrer neuen Freundschaft denn Projekt der Wunscherfüllung für die Söhne, die gar nicht erst gefragt wurden. Den Beschluss, auch da waren sich die Chefs aus der Provinz und der Metropole ganz einig, teilten sie dem Proviseur am Lycée Henri IV der französischen Hauptstadt und dem Oberstudiendirektor des Siebold-Gymnasiums in Würzburg wie beiläufig mit. Ich hatte neun Monate Paris als abschließendes Schuljahr vor mir – und erst einmal den letzten Rest von Ambivalenz verloren.

Die feierlich schönen Plätze wurden mit einem Mal zum Alltag, und ich selbst zu einem Teil der Stadt, ohne ihr näherzukommen. Denn aus der Routine ergab sich weder Vertrautheit noch Distanz für einen Jungen aus der Provinz. Vom Anfang des Boulevard Saint-Germain in der Nähe der Seine, wo er noch nicht prächtig ist und wo wir wohnten, lief ich jeden Morgen zur Schule, meist mit den Gastschwestern und -brüdern, lieber entlang der großen, damals noch wild befahrenen Straße als über die gewundene Abkürzung hinter dem Haus. Spätestens bei der Métro-Station Maubert Mutualité ging es links und etwas bergauf zum Lycée, das gegenüber dem Panthéon liegt. Nur vor dem Rückweg am Nachmittag und am damals schulfreien Donnerstag ging ich weiter auf dem Boulevard bis zur grün angelaufenen und mir freundlich zulächelnden Skulptur von Denis Diderot, über den ich aus dem Lexikon wusste, dass er aus Langres, einer Stadt so klein wie Épernay, nach Paris gekommen war, »um die Salons zu erobern«. Bald tauchte dann auf der anderen Seite das Café Flore auf, wo Erwin

Engel angeblich Jean-Paul Sartre beim Gauloises-Rauchen und Schreiben gesehen hatte. Da mir so berühmte Gesichter nicht unter die Augen kamen, nahmen meine Welt von Paris immer mehr die Lehrer am Lycée ein, die als staatliche Verkörperung von Wissen an sich ausführlich ihre Distanz zu uns Schülern zelebrierten. »Lernziele« zu erklären oder ein persönliches Wort fallen zu lassen, wäre ihnen nicht in den Sinn gekommen, so unsichtbar monumental stand die Objektivitätsgarantie der Republik auf ihre Stirnen geschrieben. Geschichte nach den Rhythmen des Klassenkampfs und Geographie mit einleitenden Bemerkungen zu den »proletarischen« Parteien jedes Lands, das war die Objektivität von Monsieur Delacroix, der auf die Zukunft des Kommunismus setzte. Philosophie als Fortschrittsprozess des Rationalismus trug ein betagter Lehrer aus dem Elsass im grauen Anzug vor, der es für eine Funktion der Wahrheit hielt, Deutschen bessere Argumente zuzutrauen, weshalb es seine Gewohnheit wurde, sich am Ende seiner gedrechselten Vorlesungen an mich zu wenden: »Qu'est-ce que vous en pensez, Monsieur l'Allemand?« Nie ließ ich mir die Antwort im Stolz auf mein Französisch nehmen, das mir bald – sehr französisch eben – wie der Ursprung aller Sprache vorkam.

Zu Hause am Anfang des Boulevards, wo ich das Zimmer mit dem ein Jahr älteren Jacques teilte, wälzte ich dicke Bücher jeden Inhalts und sprach so wenig wie die anderen Graffs, ohne dass das

Leben je unfreundlich oder freundlich wurde. An Mädchen als Frühling der Leidenschaft war nicht zu denken, denn wir wussten nicht einmal, wo die Mitschüler wohnten. Die Woche über wartete das Abendessen im Eisschrank, sonntagmorgens besuchte die Familie den Gottesdienst im vernünftig weißen *Temple* der Calvinisten auf der anderen Seite der Seine. Als Gast brauchte ich nicht mitzukommen, nur beim Mittagessen in drei Gängen mit einem Glas Wein und Wasser sollte ich dabei sein, weil man dort von der Schule erzählte, von Verwandten und Freunden, vom Präsidenten Charles de Gaulle, bis am Ende in mehreren Metallbüchsen und als Höhepunkt der Woche eine üppig-süße Crème de Marron auf den Tisch kam, die alle Graffs als Exzess von Lebensfreude liebten. Nachmittags fuhren diejenigen unter uns, die nicht von Hausaufgaben oder anderweitig verpflichtet waren, manchmal mit den Eltern nach Chevreuse, südlich der Hauptstadt, wo die betagten Eltern von Madame Graff, Inhaber einer Privatbank, wie mir Jacques verraten hatte, ein kleines Schloss besaßen, das sie pompfrei wie ein Reihenhaus bewohnten. Tee, Mokka und eine dunkle Flasche Portwein trug ein Angestellter in Uniform auf, Monsieur Graff spielte mit dem Schwiegervater Tennis, und dort hörte ich zum ersten Mal, dass er im Auftrag der Republik die Elektrifizierung der Bahnlinien in Indien organisiert hatte; dass seine Frau zu den Indien-Spezialisten von »Le Monde« gehörte, auf deren Seiten ich ihren Namen noch nie gesehen hatte; und dass in Paris und London gerade Diskussionen in Gang kamen über das Projekt eines Tunnels zwischen Frankreich und England, dem Philippe Graff skeptisch gegenüberstand.

Eine Familie von Bedeutung, sagte ich mir ab und an, aber warum redeten sie nie von Geld und bloß zufällig von Leistungen oder Status (selbst, dass Henri IV eines der beiden berühmtesten Gymnasien Frankreichs war, musste ich zufällig erfahren)? Drama, Ehrgeiz, Leidenschaft kamen nicht auf bei den Graffs und an ihrer Strecke des Boulevard Saint-Germain. Existentialistisch gesagt: Man war, wer – und wo – man war. Als Jacques und ich auf der Reise zu einer Tante in der Bretagne beim Umsteigen den Zug verpassten, zeigte er dem Stationsvorsteher höflich einen kleinen Ausweis, und die nächste auftauchende Elektro-Lokomotive hielt für uns an. All das fasste meine Gastfamilie als Prozess der Republik auf, nicht als die Wirkung spezieller Privilegien und Einflussmöglichkeiten, um die man in Würzburg gefeilscht hätte. Calvinisten vor allem wollten sie sein, und nebenbei auch Bewohner von Paris. Lokalstolz oder Geheimtipps für meine angestrengten Spaziergänge durch die Stadt gab es nicht, das konnte der Gastschüler, wenn er denn wollte, ja selbst arrangieren. So lernte ich Provinzler heimlich ernüchtert das Gefühl der Metropole: die täglichen Wege gehen, ohne sich heimisch auszubreiten, Paris kaum näher finden als Bombay (wie es damals noch hieß), Madras oder London. Portwein und Tennis allenfalls am Wochenende in Chevreuse, wo ich viele Jahre später die Graffs nach ihrer Pensionierung vermutet und gesucht habe, ohne sie je wiederzusehen. Warum hätten sie die Erwartungen des ehemaligen Gastschülers erfüllen sollen? Die Sehnsucht nach der Hauptstadt als Kontrapunkt des Tals zu Hause war mein Provinzler-Problem – und ist es lange geblieben.

Im Frühjahr musste ich wieder nach Würzburg, auch das war vereinbart gewesen, zu den Abiturklausuren. Die Rückkehr schwebte lange wie ein Albtraum vor mir, obwohl sich keine meiner Paris-Hoffnungen erfüllt hatte. Spezielle Freunde hatte ich nicht gefunden, ebensowenig war ich zu einem neuen Erwin Engel geworden, doch als andere Seite der freundlichen Distanz am Boulevard Saint-Germain hatte ich diese unheimliche Freiheit erlebt. Im Kontrast zum engen Tal der Geburt war Paris zu so etwas wie einer positiven Leere geworden. Statt dieser Freiheit standen leidige Debatten mit meinen Eltern über das Studienfach nach dem Schulabschluss an. Medizin sollte es selbstredend sein, und Medizin hieß für sie beide allein Chirurgie, wozu ich sichtbar kein Talent und noch weniger Lust hatte. Irgendwann kam der Gedanke an Medizin mit Richtung auf Psychiatrie als Kompromissangebot auf (ich hatte – ohne großes Verständnis natürlich – in Paris auch Freud gelesen), und mein

Vater schien auf den Vorschlag einzugehen. Mit seinem Duz-Freund von der psychiatrischen Universitätsklinik, ein Anlass des Stolzes für ihn, sprach er, und dort genau sollte ich eine Famulatur über den Nachabitur-Sommer absolvieren. Am ersten Montag teilten mich die Verwalter in dem heruntergekommenen Backsteingebäude an der Füchsleinstraße hinterm Bahnhof und fast schon über dem Tal als Helfer für die sogenannte Schlangengrube ein, offiziell: Notfall-Aufnahme, einen zwei Klassenzimmer großen Raum mit mehr als vierzig Betten. Eingeliefert wurde bald ein Mann im mittleren Alter, der Heinrich von Kleist fasziniert hätte, mit Schaum vor dem Mund und dem blutend abgeschnittenen Kopf eines Schäferhunds, den er an schlappen Ohren festhielt. Oder die Pfarrersköchin aus dem Spessart, was wie eine solide Empfehlung klang, die ihre Erinnerungen an Momente sündiger Nähe zum Priester als ein Werk des Teufels auffasste und durch Marienmedaillen zu vertreiben suchte, die sie schluckte, bis ihr der Darm den Dienst versagte. Nächtelang rhythmisches Stöhnen und spitzkreischende Schreie der an ihre Betten geschnallten Kranken. Dagegen kam das reflektierte Gemurmel vom Freund meines Vaters über Existential-Therapie und ihre Grenzen nicht an. Das Psychiatrie-Projekt nahe beim Würzburger Bahnhof brach zusammen, dann doch lieber Geisteswissenschaften, folgerte selbst mein Vater, als so eine Form von Medizin, die er nicht akzeptieren und schon gar nicht verkörpern konnte – und von der mich, wie wohl geplant, die Schlangengrube abgebracht hatte.

Glück war es deshalb im doppelten Sinn, ein Stipendium bekommen zu haben, das als »ehrenvoll« genug galt, um mich auf ein paar Studienjahre in München zu verpflichten. Nicht Paris und die anonyme Freiheit, nach der ich mich sehnte, doch immerhin die Landeshauptstadt mit der Aura einer »geheimen Hauptstadt« in jenen mittleren Jahren der nach Bonn benannten Republik – beliebt auch als »Millionendorf«, als ob in dem Wort eine Freundlichkeit stecken könnte und nicht allein die Geruchsspur aus den Bierkellern des Nationalsozialismus, der dort entstanden war. Ein zweiter Anlauf, jetzt auf eine deutsche Metropole, und eine zweite Chance, der Provinz zu entkommen. Durch den Englischen Garten manchmal, aber öfter entlang der Maximilian- und dann der Ludwigstraße führte der Weg zur Universität, die ausführlich begeistert von ihrer eigenen Mittelpracht wirkte, und eines Tages ahnte ich, dass dieses München im neunzehnten Jahrhundert als Zentrum einer Nation im bescheiden anspruchsvollen Format geplant und entstanden war. Freunde oder Leidenschaften kamen auch dort nicht auf mich zu, jedoch eine Lauwärme der Existenz, die sich Paris damals noch verbat. Wenige Monate nach Ankunft, Immatrikulation und dem ganz unvermeidlichen Beitritt zum Sozialistischen Deutschen Studentenbund wurde München überraschend als Ort der Olympischen Sommerspiele 1972 ausgewählt. Stellvertretend für die Bundesrepublik wohl, der die Welt auf diese Weise eine Rückkehr unter die respektierten Länder bestätigte.

Alles schien also zum Schlimmsten bestellt, um das in den Status der geheimen Hauptstadt erhobene Millionendorf ohne Zurückhaltung herauszuputzen, auf einen Vergangenheit übertönenden Eindruck im großen Stil. Doch wie dann auf einmal die olympische Architektur des schnell berühmten Zeltdachs mit vorher nie gesehenen Farben in Matt zusammenspielte, das machte aus der allzu guten Absicht von »heiteren Spielen« einen kurzen Eindruck von beinahe anmutiger Wirklichkeit. Karten für die Wettkämpfe wollte ich mir nicht leisten, so groß war der Ehrgeiz zur Unabhängigkeit von den Eltern. Doch am Tag vor der Eröffnungsfeier ging ich mit meiner spanischen Freundin über das »olympische Feld« – und war für diese wenigen Stunden in meinem Leben, ohne es zu wissen, gerne ein Deutscher. Während der zweiten Woche der Münchner Olympischen Spiele, am frühen Morgen des 5. September 1972, tötete das palästinensische Kommando »Schwarzer September« zwei Sportler der israelischen Mannschaft und nahm neun weitere von ihnen als Geiseln, um 243 palästinensische Gefangene in Israel und die in Deutschland einsitzenden Gründer der »Roten Armee Fraktion«, Ulrike Meinhof und Andreas Baader, freizupressen. Dass alle neun israelischen Geiseln während der nächsten einundzwanzig Stunden einen gewaltsamen Tod starben, neben einem Polizisten und fünf Terroristen, mag das Resultat ungeschickt und ohne kohärente Strategie geführter Verhandlungen der staatlichen Instanzen mit den Terroristen gewesen sein. In historische Peinlichkeit und irreversible Schwäche aber implodierte das schöne München des Sommers 1972, das mich glücklich gemacht hatte, erst mit dem vom Olympischen Komitee unterstützten Beschluss, nach einem Tag zeremonieller Trauer die Spiele weitergehen zu lassen. Provinzielle Beflissenheit, der Welt weiter das – nun verzerrt – heitere Gesicht zu zeigen, statt die heraufbeschworene Vergangenheit auszuhalten und sich mit ihr auseinanderzusetzen, ließ das Münchner Projekt eines anderen Gefühls von Deutschland scheitern. Heitere Spiele hatte es nach der Ermordung von elf Israelis in der Stadt des Nationalsozialismus nicht mehr geben können. Vor Sorge um das Gesicht von Heiterkeit und aus Unfähigkeit, einer Gegenwart der Tragik zu begegnen, hat München den Status des herausgeputzten Millionendorfs zu sehr hervorgekehrt. Ein Museum ihrer selbst im Olympia-Modus ist die Stadt für mich geworden, frei von Provinz-Charme oder Leidenschaft, ohne einen Ort für die Mikro-Erinnerung an einen verbrannten Patriotismus im Landeshauptstadt-Nachmittag.

Eine Metropole ohne Narben besonders ist München geblieben, was wohl erklärt, warum nach den intern trotz allem als Erfolg abgebuchten Olympischen Spielen seine Aura als geheime Hauptstadt bald verblasste, obwohl niemand ahnte, dass eine neue »Berliner Republik« vor den Toren stand. Als Landeshauptstadt mit einer »Staatskanzlei« kann man München ablegen, mit einer nach Expertenurteil hervorragenden Oper, die in Feier vergangener Träume »Nationaltheater« heißt, und einer der permanent besten Mannschaften im Weltfußball, die nie über sich hinauswachsen muss. Ohne Rückblick auf die eine versäumte Konstellation zu historischer Größe, aber auch ohne Provinz-Passion strahlt München gediegene Zufriedenheit ab. Mehr als irgendeine andere Nation jedenfalls, mehr als Franzosen, Engländer, Spanier, Italiener, Österreicher und selbst Schweizer, haben die Deutschen das unvordenklich dringende Bedürfnis nach einer Hauptstadt ebenso wie eine besonders tiefe Provinz-Ambivalenz erlitten und kultiviert – selbst in der Zeit nach der späten Begründung des Nationalstaats von 1871, die ihnen endlich Berlin als offizielle Metropole und geographisch exzentrisches Zentrum bescherte. Die Hauptstadt zieht sie an, ohne je wieder loszulassen. Nur wer diese Kraft nicht täglich spürt, wird glücklich in der Provinz leben.

Es kann also kein Zufall sein, dass ausgerechnet der Berliner Walter Benjamin das eine dokumentarisch und philosophisch unabschließbare Beschreibungsprojekt über Paris als die eine Haupt-Stadt an sich in Angriff nahm und dass für die Gestalt des distanzierten Flaneurs, den Benjamin als emblematischen Helden der Haupt-Stadt herausstellte, niemand derart geschwärmt hat wie immer neue Generationen akademischer Leser eben in Deutschland. Genauso schnell lernen die Gebildeten aus Bonn, Würzburg und auch Heidelberg, dass sie nicht der Cappuccino im Rockefeller Center und die Andeutung von einem Power Shopping auf der Fifth Avenue zu New-York-Kennern machen, sondern Geheimtipps über Bars in Greenwich Village oder gar Bekannte, die eine Wohnung an der Upper West Side von innen gesehen haben. Oder zu wissen, dass das Zentrum von Madrid keinen Vergleich mit den Ramblas in Barcelona aushält. Voll von ehrgeizigen Plänen bevölkern und finanzieren vor allem Deutsche als Bildungstouristen die zu Museen gelähmten Metropolen von früher. Speziell das längst auf Sandsteinfarbe blank geputzte neue alte Paris mit seinen passabel zweisprachigen Kellnern, und dies um so mehr, als die Tübinger, Bielefelder oder Göttinger Gäste, die nicht wie Gäste aussehen möchten, selbstredend wissen, dass graues Schwarz die essentielle Farbe von Paris im Existentialismus war. Doch davon reden sie nicht, weil sie Teil der Kulisse sein wollen.

Dieser »weltläufig gewordene Provinzler«, hat mein Freund Karl Heinz Bohrer einmal geschrieben, »verwechselt sein anbiederndes mit urbanem Verhalten, mit einer Mentalität, der er allenfalls bei den von Metropolen geprägten bürgerlichen

Schichten begegnen könnte«. Solches urbane Verhalten, haben wir gesehen, setzt unprogrammatisch alltägliche Distanz gegenüber dem Ort des eigenen Lebens voraus, wie sie bei den Graffs üblich war. Dazu gehören auch Gedanken an politische Verantwortung, von denen allerdings in meiner Gastfamilie explizit nie die Rede war. Die politische Dimension ihrer vergangenen Arbeit in Indien war längst Teil des Lebens geworden, nicht anders als der calvinistische *Temple* auf der anderen Seite des Flusses. Nicht anders auch als die Erinnerung meiner beiden Gasteltern an das gut an die deutschen Besatzer angepasste Paris der frühen vierziger Jahre, von dem sie sprachen, wenn wir auf Gedenktafeln für von den Nazis umgebrachte Mitglieder der *Résistance* stießen. Die Präsenz und Agitation des Widerstands, hörte ich, hätten sie erst nach der Landung der Alliierten in der Normandie wahrgenommen. Eine Feststellung ohne moralisches Urteil oder Impulse der Entschuldigung, wie sie damals in Deutschland gerade immer lauter wurden. Ohnehin kamen Gedanken an Paris als Gegensatz zur Provinz in der Graff-Familie nie auf, denn zu dem hochprovinziellen Druck, Metropole spielen zu wollen, hatten sie keinen Anlass. Den spürten meine Eltern und ließen ihren Hauptstadt-Projektionen den allerprovinziellsten Lauf. Zum Abendessen um sieben Uhr auf den Dachgarten des Hilton-Hotels mit Blick auf den Eifelturm luden sie die Graffs beim ersten (und letzten) ihrer Paris-Besuche ein. Dass allein

Madame Graff im Kostüm der täglichen Arbeit erschien, um ihren Mann mit eleganten englischen Sätzen in indischer Tonlage zu entschuldigen und sich nach einem Glas Champagner wegen dringender Verpflichtungen so freundlich als möglich zu verabschieden, fassten meine Eltern als Scheu vor der großen Welt auf, die sie selbst im Hilton-Hotel zu bewohnen glaubten.

Einen Impuls, der Hauptstadt zu entkommen, zusammen mit einer aktiven Dynamik hin zur Provinz gibt es nicht unter den Deutschen, schon gar nicht unter den Deutschen der Provinz. Man kann sich »mit guten Gründen« für die Provinz entscheiden und dort ein angenehmes Leben finden, doch Drang oder Sehnsucht führen allein von dort in die Hauptstadt, nicht umgekehrt. So kann die Berliner Stadtverwaltung die vielen Rentnerehepaare lieben, die ein geräumiges Haus in ihrer Kreis- oder Landeshauptstadt aufgeben, um ausgehend von einer neuen Drei-Zimmer-Wohnung in »Mitte« am kulturellen Leben der Bundeshauptstadt teilzunehmen. Wie oft sie sich wirklich den berühmt komplizierten Kleist- oder Schiller-Inszenierungen des Deutschen Theaters aussetzen wollen und den Festivals zur Geschichte des tunesischen oder koreanischen Films, wie viele Karten für Konzerte atonaler Musik in der Philharmonie sie kapern oder für gewissenhaft kuratierte (dieses neu gelernte Wort lieben sie besonders) Ausstellungen auf der Museumsinsel, ist nicht die wirkliche Frage – oder das wirkliche Anliegen. Im Schlusskapitel ihres Lebens haben sich die Neu-Berliner Rentner vom Selbstverdacht und vom deutschen Minderwertigkeitskomplex des Provinzialismus erlöst. Ähnlich geht es Professoren im mittleren Alter, die über sieben Lehrmonate ihre Besuche an Universitäten im weiteren Norden, Westen und selbst im entfernten Süden des Landes, wo sie ein bequemes Einkommen verdienen, auf strikt eine Nacht pro Woche zuschneiden, um schnell wieder mit dem leichten Rollkoffer auf Berlin zuzustreben, um ihre beflissen-banale Hauptstadt-Existenz weiterzuführen. Ein Vektor zieht sie nach Berlin, der an einer eher unpassenden Stelle des Lebens so jugendlich ist wie der hilflose Enthusiasmus von meinem Vetter und mir beim ersten Paris-Besuch.

Die nun schon 30 Jahre währende deutsche Hauptstadt-Begeisterung kehrt exakt um, was seit jeher der Fall in London, Paris oder Madrid gewesen ist – und allein aus diesem Kontrast werden je spezifische nationale Bedeutungen und Gefühle des Begriffs »Provinz« deutlich. In Madrid, Paris oder London arbeitet man harte fünf Werktage in Ministerien, Hochschulen oder Exportunternehmen, mietet das engste verfügbare Zimmer und wartet aufs Wochenende im eigenen Haus an der provinziellen Peripherie. Mit der Pensionierung endet die Nähe zur Hauptstadt dann ganz. Der durchschnittliche Franzose, Brite oder Spanier empfindet für diese Sympathie, aber keine Leidenschaft – so wie er ein Leben in der Provinz kaum je als Stigma erlebt. Der Rollkoffer-Berliner hingegen hält sich am fünftägigen Wochenende auf dem laufenden über den je aktuellen Kurswert der verschiedenen Stadtteile, die er als Kenner fast wie Weinsorten schätzt – und nur selten konsumiert. All diese Viertel atmen angeblich entweder einen charismatischen Moment der Vergangenheit (Friedrichshain für die kritische Gegenkultur der Deutschen Demokratischen Republik vor dem Zusammenbruch, Kreuzberg für Rock und Punk im alten Westberlin) oder gelten als Vorgriffe auf bevorstehenden Glanz (Gräfekiez zum Beispiel als Schanze für Start-ups oder Neukölln als Versprechen, das nächste kulturelle Zentrum zu werden), Vorgriffe, die selbstredend uneingelöst bleiben. Kein Stadtteil aber steht je für die Gegenwart, weil Berlin zwischen allzu distanzlos heraufbeschworenen Vergangenheiten und ungeduldig erwarteten Zukünften kaum Platz für sie hat.

Wirklich nicht-museale Narben hat das Berlin der langen Wochenenden so wenig wie das luxuriös-behäbige München. Dass nur wenige Einwohner wissen, wo Hitlers Reichskanzlei oder der Bunker seines Selbstmords lagen, dass potentiell schmerzhafte Spuren der Berliner Teilung von 1949 bis 1989 verschwunden sind, war allerdings nicht Bedingung für den Aufstieg dieser Stadt der Holocaust-Bürokratie zum Lieblingsort junger Juden aus allen Ländern der Welt. Im Gegenteil und ganz anders als im Münchner Fall: Eher ergab sich diese spezielle Anziehung wohl aus Berlins Talent, jeden Stein der hässlichen Mauer, die es nach dem August 1961 in zwei Hälften auseinanderbrach, und jedes zu Recht vergessene Nazi-Büro in den Status einer Gedenkstätte zu erheben und als Abiturklassenfahrtsziel aufs Pflichtprogramm der Bildung zu setzen. Nicht jedes Projekt dieser Art gelingt: Selbst gigantische Investitionen und die Pläne hochberühmter Architekten sind in den neunziger Jahren an dem Vorhaben gescheitert, dem Potsdamer Platz sein Chaosstrukturierendes Leben aus den zwanziger Jahren des vergangenen Jahrhunderts zurückzugewinnen. Doch unbeirrt, unnachgiebig und beflissen setzt Berlin weiter auf die Inszenierung seiner Vergangenheit. So hatte die »New York Times« recht, zur Eröffnung der Holocaust-Gedenkstätte in der Nähe des Brandenburger Tors am 10. Mai 2005 festzustellen, dass in keiner anderen Hauptstadt der Welt je ein Raum ihres Zentrums für das Gedenken der schlimmsten nationalen Schande reserviert war. Der Verwirklichung der Idee von Peter Eisenman aus New York, diesen Raum mit über zweitausend Betonblöcken ohne festgelegten symbolischen Inhalt zu füllen, waren ausführliche und mit heiligem Ernst geführte Debatten auf nationaler Ebene vorausgegangen. Als 1948 in deprimierender chronologischer Nähe zum Nationalsozialismus meines Vaterlands Geborenen bewegt und schmerzt mich die unlesbar gnadenlose Nüchternheit der Holocaust-Gedenkstätte. Sie hält die von Berlin nach 1933 ausgegangene Industrialisierung des Tötens im Namen der deutschen Nation präsent. Und eben dieser Affekt löste zunächst Empörung aus, als ich zum ersten Mal sah, wie junge Leute an warmen Tagen zum Sonnenbaden auf den Betonblöcken liegen. Verdrängen sie so die Schreckensmomente der Stadt? Oder könnten gerade diese brutale Distanz, diese Absenz einer Rührung über sich selbst langfristig Berlins musealisierende Beflissenheit besiegen, indem sie die Sakralisierung und Feier der nationalen Schuld durchkreuzen? Vielleicht hat Berlin eine Chance, der deutschen Modalität provinzieller Selbst-Begeisterung über den eigenen guten Willen zu entgehen, indem es mit einer – wie Betonblöcke – unbehauenen Vergangenheit lebt, die weder durch Ausdeutung erlöst noch hinter gestellter Heiterkeit unterdrückt werden muss? Im Dialekt der Stadt klingt manchmal eine Art Frechheit an, die verspricht, überdrehte Symbol-Programme zu ignorieren. Doch wahrscheinlich ist es für diese Frechheit zu spät.

Beflissen, musealisierend und sogar naiv war immerhin der Ehrgeiz, die in vierzig strammen Jahren des Staatssozialismus erfrorene, nach ihrem geistigen Gründer Wilhelm von Humboldt benannte Berliner Universität in der neuen Republik von 1990 mit der Berufung zahlreicher Koryphäen zu einer global herausragenden Hochschule zu machen. Wer wollte damals nicht aus Freiburg, Göttingen und sogar München in die neue alte Hauptstadt kommen? Zwei historische Maßstäbe hatte das Reformprojekt: Das dritte Jahrzehnt des neunzehnten Jahrhunderts, kurz nach der Gründung der »Universität zu Berlin«, als sich dort um Georg Wilhelm Friedrich Hegel die entscheidenden Denker des Idealismus versammelten, und die Zeit nach 1900 mit den ersten Nobelpreisen, die vor allem deutsche und unter ihnen besonders Berliner Forscher ehrten. Der Gedanke kam nach der sogenannten Wende nie auf, dass es sich um zwei historische Ausnahmen gehandelt haben könnte, und dass intellektuelle Kristallisation so wenig zu Hauptstädten passt wie individuelle Leidenschaft. Vielleicht erklärt dieser Sachverhalt, warum ich nie glücklich geworden bin mit meiner Sehnsucht nach den Metropolen.

Jedenfalls haben sich die in die neue Humboldt-Universität investierten Hoffnungen nicht eingelöst – trotz der Welle intellektuell-akademischer Prominenz, die nach Berlin rollte. Ein Aufstieg gelang im letzten Jahrzehnt des vorigen Jahrhunderts aber der 1948 von den westlichen Besatzungsmächten gegründeten Freien Universität an der Berliner Peripherie von Dahlem, deren Haushalt zugunsten der Humboldt-Universität gekürzt worden war. Niemand hätte, zumal in Deutschland, von dieser Entwicklung überrascht sein dürfen, denn sie bestätigte nur eine internationale Tendenz in der Geschichte von Hochschulen seit Mitte des vergangenen Jahrhunderts – und darüber hinaus auch eine deutsche Tradition. Keine einzige Universität aus einer Metropole von über einer Million Einwohnern schloss über jenen Zeitraum zu den fünfundzwanzig besten Hochschulen der ernst zu nehmenden Rankings auf, während die Eidgenössische Technische Hochschule in der 400.000-Stadt Zürich zur führenden kontinentaleuropäischen Universität wurde.

Parallel ging in Deutschland jene Konzentration intellektueller Exzellenz in Provinzstädten weiter, deren großartigster Fall die auf die Naturwissenschaften und auf die Philosophie abstrahlende Epoche der mathematischen Genies in Göttingen vom späten achtzehnten Jahrhundert bis zur Machtergreifung der Nationalsozialisten war. Nicht in der Verstetigung lokaler Exzellenz lebte dieses Erbe weiter, sondern in ganz verschiedenen, kaum je geplanten Konstellationen an meist neugegründeten Universitäten der Provinz oder der Peripherie von Ballungszentren (in Konstanz und in Bochum zum Beispiel, zwei drastischen Gegenpolen innerhalb der deutschen Provinz-Kultur, waren solche produktiven Momente der Geisteswissenschaften während der zweiten Hälfte des zwanzigsten Jahrhunderts zu verzeichnen, die freilich nie den internationalen Glanz deutschen Denkens im neunzehnten und frühen zwanzigsten Jahrhundert erreichten). Das intellektuelle Intensitätsproblem von Berlin, wie es wohl typisch für Metropolen ist, mag zu tun haben mit der Präsenz von ungefähr hundertsiebzigtausend, zum Großteil staatlich geförderten »Kulturschaffenden«, die, abgesehen vom Mangel an eigener Produktivität, eine dämpfende Wirkung auf die Artikulation geistiger Leistungen verursachen. Hätte Wilhelm Röntgen in München jene Einsamkeit gehabt, unter der er sich in Würzburg auf »die nach ihm benannten Strahlen« konzentrieren konnte? Funktionierende Eliten, zumal intellektuelle Eliten, gehen oft aus täglich unvermeidlichen Begegnungen in kleinen Gruppen hervor, die sich weder planen noch steuern lassen. Wer solche Intensität herbeisehnt und an der Möglichkeit ihrer Förderung durch vielfältig gutgemeinte Rahmeninstitutionen zweifelt, wird in Berlin fehl am Platz sein. Doch welche Universitätsstädte der deutschen Provinz könnte man als Katalysator für die eigene Arbeit wählen? Kaum mehr Göttingen oder Tübingen, Marburg oder Freiburg. Das wäre akademischer Romantizismus ohne Augenmaß, nicht besser als der Sturm der Rollkoffer auf Berlin. Außerdem will sich ein Drang für den Sprung von der Hauptstadt zur Provinz als Ort intellektueller Kondensation nicht einstellen. Muss man also in der Provinz beginnen, um auf geistige Intensität rechnen zu dürfen? Zumindest stößt man dort auf Geschichten ihres Entstehens. Und keine andere Geschichte hält den Vergleich mit der kleinen Stadt Weimar aus, wo sich um 1800 das menschliche Denken und Vorstellen zu einem seiner großen Momente verdichtete.

Die deutsche Provinz lädt sich auf: Weimar und Jena

ÜBER die zweite Hälfte des achtzehnten und das erste Drittel des neunzehnten Jahrhunderts entstand in Weimar eine Intensität des kulturellen Lebens, die bis heute belegt ist und in Erinnerung hält, dass zwischen Orten der Provinz und Momenten der Entfaltung, ja der Explosion von Intelligenz ein Zusammenhang bestehen kann. In Erinnerung sollte diese besondere Beziehung als Begriff, Ereignis und Geschichte auch deshalb gehalten werden, weil sie nur selten unter den Gedanken auftaucht, die das Wort »Provinz« in seinem alltagssprachlichen Gebrauch bis heute weckt. Zwar gibt es in Deutschland den Typ der nach ihrer Einwohnerzahl eher kleinen »Universitätsstädte«, doch die gehen in der Regel lieber davon aus, dass ihre akademische Identität sie von den dunklen Wolken des »Provinziellen« erlöst. Weimar dagegen ist bis ins spätere zwanzigste Jahrhundert nie Universitätsstadt geworden. Außerdem bestand zur großen Zeit der Weimarer Klassik wohl noch kaum eine Spannung zwischen der Bedeutung des Wortes »Provinz« und Gedanken an die Möglichkeit kultureller Exzellenz.

So konnte Johann Wolfgang von Goethe in seinem 1821 erschienenen Roman »Wilhelm Meisters

Wanderjahre« das utopische Konzept von der »pädagogischen Provinz« als Vorstellung einer Sonderwelt für Heranwachsende erfinden, wo »unter dem Bilde der Wirklichkeit eine Reihe von Ideen, Gedanken, Vorschlägen und Vorsätzen« zusammenkommt, die in Verbindung stehen, »aber in dem gewöhnlichen Laufe der Dinge wohl schwerlich zusammentreffen möchten«. Dieses Bild einer Erziehung in förderlicher Abgeschiedenheit, das die Überlegungen Rousseaus, Pestalozzis und auch Fichtes zur Pädagogik beeinflusst hatten, mag als eine frühe Gegenposition zu Goethes Furcht vor der »Maschinenwelt« als Gegenwart und drohender Zukunft entstanden sein. Allein in der Provinz, glaubte er, sei eine nicht primär beruflich, sondern existentiell motivierte Praxis des Handwerks, welche »allem Leben, allem Tun und aller Kunst vorausgehen« müsse und »nur in der Beschränkung erworben wird«, tatsächlich vereinbar mit der »Offenheit für das allgemein Menschliche und mit der Ehrfurcht vor dem, was über uns ist, vor dem, was unter uns ist und vor dem, was uns gleich ist«. In der Sprache unserer Zeit formuliert: Eben weil sich menschliche Existenz in der Provinz unter elementaren (»beschränkten«) Bedingungen vollzieht, zu denen auch das manuelle Herstellen von Gegenständen gehört, erschließt sie uns die Welt auf einer höheren Ebene von Komplexität als die Metropole. Goethes verhalten paradoxale Intuition geht den uns selbstverständlichen Akzenten einer Abwertung im Begriff von der »Provinz« voraus. Gerade deshalb kann sie den Blick auf bestimmte Dimensionen lokaler Konkretheit als Bedingung des Aufstiegs der Weimarer Provinz zu singulärer intellektueller Produktivität schärfen, Bedingungen, die in dem Maß paradigmatisch werden, wie Auswirkungen ihres Zusammenspiels nicht mehr zufällig erscheinen.

Die Stadt Weimar, welche Goethe im November 1775 mit sechsundzwanzig Jahren zum ersten Mal besuchte, war Residenzort des Herzogtums Sachsen-Weimar-Eisenach, eines für jene Zeit typischen deutschen Kleinstaats aus fünf geographisch nicht miteinander verbundenen Territorien mit insgesamt etwas über 106.000 Einwohnern. Gut zwei Drittel von ihnen lebten in Dörfern, während sich das andere Drittel auf die vier Städte Eisenach, Weimar, Jena und Apolda verteilte. Die Bevölkerungszahl von Weimar selbst lag bei 6200 und die der zwanzig Kilometer entfernten Universitätsstadt Jena bei 4300. Ungefähr zweihundertsechzig der Bewohner von Weimar gehörten zum Hof: einhundertsiebzig Diener und Angestellte in verschiedenen Funktionen, von denen vierzig für die Pferde und Kutschen verantwortlich waren; elf von ihnen kümmerten sich um die Bibliothek, die Gemälde- und Münzsammlung, und zwanzig waren Mitglieder des Orchesters. Sie alle umgaben die Familie des Herzogs und um die dreißig Adlige beider Geschlechter aus verschiedenen Altersgruppen, die sich in den üblichen Rollen – etwa als Pagen, Hofdamen der Herzogin und zeremonielle Begleiter des Herzogs – zum Hof rechneten, während eine ähnliche Zahl von Mitgliedern des niederen Adels und des Bürgertums die tägliche Verwaltung des kleinen Staates bewältigten.

Das kulturelle »Weimar« jener Zeit existierte allein in dieser Kerngruppe von Personen, die sich täglich sahen und entlang der verbindlichen Choreographien ihrer Stände miteinander verkehrten. Regelmäßiger Höhepunkt und Selbstfeier der Geselligkeit waren die Sonntage mit dem Gottesdienst, einem Mahl an zwei nach sozialem Rang getrennten Tafeln und gemeinsamen Spielen – innerhalb wenig flexibler ökonomischer Grenzen: Champagner gehörte zwar zu den Ritualen eines jeden Adelshofs, doch seine sprichwörtlichen »Ströme« sind in Weimar nie geflossen. Auf Distanz vom Hof blieben zweitausend »Stadtbürger«, deren Familien die traditionellen Handwerksberufe verkörperten (während die frühe Industrie vor Ort noch nicht über eine kleine Stoffabrik hinausgekommen war), und viertausend »Schutzbürger«, die in den Mauern der Stadt gegen Entrichtung eines Steuerbetrags leben durften. In seiner Ausdehnung entsprach jenes Weimar der heutigen »historischen Innenstadt« zwischen Schloss und Theaterplatz, Herderplatz und Frauenplan, mit dem Markt und dem schon damals existierenden, heute legendären Hotel »Elephant« als ihrer Mitte.

Ob sich überhaupt Chancen zur Entfaltung geistiger Potentiale in solch begrenzten Welten ergaben, hing vor allem von der Gestalt ihrer Regenten ab. Für Weimar waren in diesem Sinn die siebzehn von der Herzogin Anna Amalia belebten Jahre zwischen 1758 und 1775 ausschlaggebend. Als Nichte Friedrichs des Großen von Preußen in die literatur-, philosophie- und musikbegeisterte Familie ihres Vaters, des Herzogs von Braunschweig, geboren, heiratete sie mit sechzehn Jahren den nur wenig älteren Weimarer Herzog Ernst August Konstantin, brachte zwei Söhne zur Welt und wurde kurz nach der Geburt des zweiten Sohns 1758 Witwe, als der junge Herzog an Tuberkulose starb. Offenbar vertraute Anna Amalia die Verwaltung ihres Staates und die Erziehung beider Söhne den richtigen Beratern, Ministern und Gelehrten an und konnte sich so den Ausbau der Bibliothek, die Verbesserung des Orchesters (sie selbst soll ein bemerkenswertes kompositorisches Talent gehabt haben) und die Reform des Weimarer Gymnasiums angelegen sein lassen. Sie brachte Theatergruppen in die Stadt und lud die Bürger ein, ihren Aufführungen ohne Bezahlung auf siebzig von insgesamt hundert reservierten Plätzen beizuwohnen; nach der Trauerzeit für den Herzog hatte sie eine Laienspielgruppe gegründet, an deren Projekten sie sich beteiligte; vor allem aber machte Anna Amalia ihre Gespräche mit Adligen und Bürgern im zwischen Schloss und Kirche gelegenen Wittumspalais über die literarischen Texte der eigenen Zeit zum Zentrum des gesellschaftlichen Lebens der Stadt, zu einem Zentrum, dessen Faszination sich nach dem Ende ihrer Regentschaftszeit nur weiter steigerte. Schließlich muss ihr der einsetzende Ruf Weimars als ein Musenhof geholfen haben, 1772 Christoph Martin Wieland nach Thüringen zu bringen, der mit vierzig Jahren dank der Übersetzung von Shakespeare-Dramen, aber auch mit »Agathon«, dem ersten deutschen Bildungsroman, als »neuer Voltaire« zu einer nationalen Berühmtheit geworden war und dann gleich im ersten Weimarer Jahr den »Teutschen Merkur« begründete, um nach dem Vorbild des »Mercure de France« einen kleinen Kreis einflussreicher Subskribenten im ganzen Land auf dem laufenden über das Leben der entstehenden europäischen »République des Lettres« zu halten.

1774, im Jahr vor seinem Regierungsantritt als Herzog, reiste der Prinz Karl August nach Frankreich, wie es für einen jungen Mann seines Standes üblich war, begleitet von Erziehern, die ihm vorschlugen, auf der Rückreise, noch vor dem Besuch von Karlsruhe, wo er Luise von Hessen-Darmstadt, seine zukünftige Frau, kennenlernen sollte, den fünfundzwanzigjährigen Johann Wolfgang Goethe zu treffen, der wenige Monate zuvor mit seinem Roman von den »Leiden des jungen Werthers« die deutschen Leser in Bann geschlagen hatte. Karl August war interessiert, obwohl er schwerlich ahnen konnte, wie sehr der Literat der Stunde auch seine eigenen, vor allem naturwissenschaftlichen und auf die Praxis der Landwirtschaft bezogenen intellektuellen Vorlieben teilte. Dass Goethe ohne Zögern zusagte, mochte mit Wielands Begeisterung über seine Aufnahme in Weimar zu tun haben; dass er im ersten Gespräch ein flammendes Plädoyer für die Rolle kleiner Staaten bei der Verwirklichung von Ideen der Aufklärung hielt, muss den zukünftigen Herzog hinreichend beeindruckt haben, um den acht Jahre älteren Autor zu überreden, ihn am nächsten Tag noch bis Mainz zu begleiten; und dass schließlich Goethe nach einem weiteren Frankfurter Besuch von Karl August mit seiner jungen Frau Luise (und nach mehreren logistischen Missverständnissen) im November 1775 nach Weimar reiste, spricht für die Vermutung, dass er mit praktisch-politischem Einfluss an diesem überschaubaren Hof rechnete, auch wenn er gewiss nicht plante, sein gesamtes weiteres Leben dort zu verbringen.

Bald schon erfüllten sich die wechselseitigen Hoffnungen von Goethe und Karl August auf verschiedenen Ebenen und mit Folgen, die niemand geahnt hatte, obwohl sie typisch für eine solche Konstellation waren. An einem Hof, der nun unter dem Einfluss der ebenso gebildeten wie Etiquette-bewussten neuen Herzogin Luise mit ihren religiös begründeten Prinzipien einen ernsteren Ton annahm, sorgte Goethe für jene sinnlichen Freuden, die der junge Herzog bei seiner Frau nicht finden konnte, so sehr er lebenslang ihren Rat in Dingen der Vernunft zu schätzen wusste. Mit farbiger Vorstellungskraft organisierte der Dichtergast die damals überaus beliebten und deshalb auch von der Herzogin nicht ganz aufzuhebenden Maskeraden und Maskenbälle am Hof; als neue Vergnügung hatte er das Eislaufen mit nach Weimar gebracht; vor allem aber begleitete er Karl August bei seinen regelmäßigen, auch erotisch ausgelassenen Jagdpartien und auf unablässigen Reisen, die oft kulturelle Motive hatten. Mit solchen Ereignissen gemeinsamen Erlebens in unmittelbarer physischer Präsenz vor allem kam Weimar auf den Weg, zur »pädagogischen Provinz« zu werden. Dabei erreichte die Nähe zwischen den beiden Freunden einen für Männer aus verschiedenen Ständen außergewöhnlichen Grad: Sie verwendeten das vertrauliche »Du« und übernachteten unterwegs nicht selten im selben Zimmer. Zugleich überzeugte der lebensfreudige Goethe den Herzog, das Amt des protestantischen General-Superintendenten und Predigers in der Weimarer Peter-und-Paul-Kirche seinem bewunderten Denker-Freund Johann Gottfried Herder anzutragen. Wie vor ihnen schon der große Wieland gehörten auch Goethe und Herder bald zu Anna Amalias Gesprächsrunden im Wittumspalais. Goethe inspirierte als Dramenautor ihr Weimarer Laienspiel mit neuem Ehrgeiz: Mehrere Molière-Komödien setzte er in Szene und übernahm verschiedene Rollen, bevor es im April 1779 zur ersten Aufführung seiner »Iphigenie auf Tauris« kam, wo er den Orest spielte – die größte Erregung aber von der Titelheldin ausging, die in viele Ellen von Tüll drapiert auftrat. Inzwischen hatte Goethe auch wesentliche Aufgaben in der Verwaltung und Politik des Herzogtums übernommen. Dies begann – seinen besonderen Interessen gemäß – mit der Verantwortung für die wenige Jahrzehnte zuvor entdeckten Silber- und Kupferminen im Territorium des kleinen Staats, doch bald kamen die Kontrolle der Brücken und Straßen hinzu, etwas später die »Kriegs-Kommission« und 1782 dann, nachdem der Herzog Goethe in den Adelsstand erhoben hatte, auch die Reform der Finanzen von Hof und Staat. Längst hatten sich die Hoffnungen der ersten Frankfurter Gespräche zwischen Karl August und Goethe in täglich erfolgreicher und offenbar weiterhin erregender Zusammenarbeit verwirklicht. Aus den Gesprächen mit seinem Herzogsfreund war Goethe zur zentralen Figur bei der Gestaltung des Kleinstaats aufgestiegen, hatte in ganz verschiedenen Dimensionen von Politik wie Wirtschaft konkrete Erfahrungen gewonnen und musste den Eindruck haben, seinen Ideen von einem aufgeklärten Gemeinwesen immer näher zu kommen.

Neben all diesen Momenten der praktischen und ästhetischen Bildung, an denen er wuchs und von denen Weimar profitierte, fand Goethe Zeit für die Seelenbeziehung zu der sieben Jahre älteren Charlotte Albertine Ernestine von Stein. Diese in Eisenach geborene, literarisch und musikalisch gebildete Hofdame Anna Amalias war mit Josias von Stein, einem der höchsten Verwalter des Herzogtums verheiratet, hatte in den Jahren vor Goethes Ankunft sieben Kinder zur Welt gebracht, von denen nur die drei Knaben überlebten, und faszinierte den Genie-Kompagnon des Herzogs mit ihrer Zuwendung und zarten Leidenschaft, welche Zeitgenossen als ebenso nuanciert wie offen, doch nie als belastend oder gar fordernd beschrieben haben. Goethe dankte der Freundin diese letzte Stufe seiner Bildung zur Persönlichkeit mit der Erziehung ihres Lieblingssohns Fritz, den er 1783 in sein Haus am Frauenplan aufnahm. Doch jenes Weimar in seiner Stimmung als frühe »pädagogische Provinz« muss manche Impulse von Goethes Existenz – unter ihnen gewiss erotische Impulse – ohne Bezugspunkt und Resonanz gelassen haben. Am 3. September 1786 brach er für beinahe zwei Jahre nach Italien auf, wo er in Rom, Sizilien und Venedig lebte. Zu Charlotte von Stein hatte er über den Plan zu dieser Reise nicht gesprochen, und auch den Herzog weihte er nur durch eine vage Notiz mit der Bitte um Erlaubnis für seine Abwesenheit ein. Karl August reagierte gelassen-verständnisvoll und kam ohne die Gegenwart seines Freunds in Politik und Verwaltung erstaunlich gut zurande, während Charlotte von Stein dies als Enttäuschung ihres Lebens nie wirklich verwinden sollte.

Als Goethe am 18. Juni 1788 nach Weimar zurückkehrte, übernahm er seine lokalen Ämter und Rollen, so als hätte er die Stadt nie verlassen gehabt.

Dagegen rührte sich kaum Widerstand, doch bald schon kamen Gefühle der Entfremdung auf angesichts der neuen Persönlichkeit des ehemals jugendlichen Genies. Teil dieses Wandels war eine neue Hierarchie der Formen und Gegenstände in seinem Geschmack. Die idealische Eleganz der römischen, aber nun auch der in Sizilien entdeckten griechischen Antike hatte die Sturm-und-Drang-Begeisterung für die rauhen Momente der deutschen Vergangenheit definitiv in den Hintergrund gedrängt. Stimmungen wie die des »Götz von Berlichingen« gehörten nun nicht mehr zu Goethes produktivem Repertoire. Schwerer wog wohl, dass der Prozess seiner Bildung in der Geselligkeit von Weimar keine Fortsetzung mehr fand. Immer gezielter suchte der klassische Goethe die Menschen aus, die er für seine Existenz brauchte, und schuf Institutionen, statt sich im Austausch mit den Welten, die ihn umgaben, selbst zu verändern. Einen Monat nach der Rückkehr aus Italien lernte er im Park nahe seinem Gartenhaus die dreiundzwanzigjährige Christiane Vulpius kennen, die in einer kleinen Fabrik für künstliche Blumen arbeitete, dem Geheimrat einen Bittbrief ihres Abenteuerromane schreibenden Bruders übergab – und ihn sofort erotisch faszinierte. Fast drei Jahrzehnte lang hat Goethe in dieser Beziehung gelebt, dem Kontrapunkt seiner Bildungsgespräche mit Charlotte von Stein, und konnte die hämisch-kleinstädtischen Kommentare der Weimarer auch deshalb ignorieren, weil der Herzog im Dezember 1789 demonstrativ die Patenschaft für Christianes und seinen Sohn August übernommen hatte.

Zehn Jahre jünger und schon ähnlich berühmt wie der Goethe des »Werther«, hatte 1787 Friedrich Schiller aus Württemberg in Weimar Zuflucht gesucht, nachdem er seinem König wegen des auch in Frankreich hohe Wellen der Publikumsbegeisterung schlagenden Dramas »Die Räuber« als politischer Feuerkopf verdächtig geworden war. Selbst in Goethes Italien-Abwesenheit fand er ermutigende Aufnahme. Wieland und Herder gaben ihm die Sicherheit, langfristig in Weimar willkommen zu sein, und als ihm die Universität Jena zwei Jahre später eine von den Studenten enthusiastisch begrüßte Anstellung als außerordentlicher Professor der Geschichte anbot, verbesserte der Herzog Schillers eigentlich allein von den mageren Semestergebühren der Hörer abhängiges Einkommen durch ein substantielles Sondergehalt. Diese Maßnahme illustriert eine neue Sorge um die Entwicklung von Institutionen während der zweiten Phase der Weimarer Klassik. Zwischen 1750 und 1775 war etwa die Zahl der Studenten in Jena von beinahe 1300 auf etwas über fünfhundert gesunken. Anna Amalia hatte dieser Krise zunächst mit der Verordnung entgegengewirkt, dass eine Anstellung beim Weimarer Staat ein mindestens zweijähriges Studium in Jena voraussetzte. Doch die wirkliche Umkehr zu einer ungeahnten Zeit intellektuellen Ruhms setzte auch hier mit der Regierung von Karl August ein, dem Goethes Rat und eigenen Impulsen folgend vielversprechende Berufungen zuerst für die Theologie, dann aber auch für die Medizin und die frühen Naturwissenschaften in Konkurrenz mit der bis dahin übermächtigen Universität von Göttingen gelangen.

Nachhaltiger noch als Schillers Ernennung wurde für die heute »Geisteswissenschaften« genannten Disziplinen im Frühjahr 1794 der Beginn der Lehrtätigkeit des jungen Johann Gottlieb Fichte, der sein Denken an Kants Schriften ausgebildet hatte und – wie schon Schiller – die Ereignisse der Französischen Revolution als Energiequelle seiner Arbeit erlebte. Goethes Reaktion war eher distanziert, doch gemeinsam mit Karl August verstand er, dass Philosophie und Literatur unter neuen Vorzeichen standen, die ein Staat nicht fürchten musste, solange er ihnen – als Prozessen der Aufklärung – Raum zur Entfaltung gab. So konnten in Fichtes Vorlesungen die exzentrisch-originellen Köpfe der sogenannten deutschen »Frühromantik« zusammenkommen: Friedrich Schlegel und sein Bruder August Wilhelm, Novalis und Schelling, für einen Moment sogar Friedrich Hölderlin und dann auch, viel geduldiger, Hölderlins Tübinger Freund Georg Wilhelm Friedrich Hegel, der in Jena sein erstes Buch, die »Phänomenologie des Geistes«, schrieb. Ohne diesen Jenenser Jahrhundertbeginn wäre es zur kanonischen Epoche des deutschen philosophischen Idealismus in Berlin wohl nicht gekommen.

Ganz anders als Fichte allerdings hatte Schiller sein intellektuelles Potential nie in der Lebensform einer Professur aufgehen sehen. Nach fünf Jahren erfolgreicher Vorlesungen entschloss er sich im Mai 1794, die Universitätsstellung aufzugeben, um im Wohlwollen der Autoritäten von Weimar ausschließlich von seinen Veröffentlichungen zu leben, vor allem von den – weiterhin sehr erfolgreichen – Dramen und als Herausgeber der dem »Teutschen Merkur« ähnlichen Zeitschrift »Die Horen«. Zwei Monate nach der Bekanntgabe dieses Übergangs kam es auch zum ersten ernsthaften Gespräch zwischen Schiller und Goethe, die einander bis dahin (mit gelegentlich scharfen Worten) als zu jugendlich oder zu abgeklärt eingeschätzt hatten. Nicht zufällig gewiss vollzog sich dieser Schritt nach der gemeinsamen Teilnahme an einem Seminar für Naturstudien, wo beide überrascht und beeindruckt waren von der Kompetenz des anderen in einer Wissenswelt, die weder zur Philosophie noch zur Literatur gehörte. Die intellektuelle Präzision und Komplexität ihres Austausches, der sich seit Schillers Übersiedlung nach Weimar und bis zu seinem Tod elf Jahre später in täglichen Gesprächen intensivierte, hat als ein emblematischer Höhepunkt europäischer Kulturgeschichte Epoche gemacht. Doch wenn auch die Freundschaft zwischen Goethe und Schiller keine thematischen oder spekulativen Grenzen kannte, wurden die Gattung des Theaters und seine Weimarer Institutionen zu ihrem zentralen Medium. Schon 1791 waren mit der formellen Gründung des Hoftheaters Berufsschauspieler an die Stelle der – engagierten und sicher zu einem differenzierten Geschmack gewachsenen – Laien getreten. Ausgehend von seiner eigenen Erfahrung als Dramenautor wollte Goethe in diesem Rahmen auch anderen Autoren, vor allem Schiller, die Möglichkeit geben, ihre Stücke unter den denkbar besten Bedingungen zu inszenieren. Das Programm der am Hoftheater über die Jahre gespielten Stücke sollte das Verständnis des Weimarer Publikums entwickeln: 1798 wurde das Gebäude des Schauspielhauses renoviert und mit der Uraufführung von Schillers Drama »Wallensteins Lager« neu eingeweiht; zudem brachte Goethe die berühmtesten Schauspieler jener Zeit in die immer noch kleine, aber inzwischen auch nach ihrer Einwohnerzahl gewachsene Stadt Weimar, unter ihnen August Wilhelm Iffland und 1808 – mit Napoleons Hilfe – den nicht nur unter seinen Zeitgenossen in Frankreich als unvergleichlich geltenden François-Joseph Talma.

Was in Weimar zwischen dem letzten Viertel des achtzehnten und dem ersten Viertel des neunzehnten Jahrhunderts entstand, ist immer wieder als Lebenshöhepunkt der deutschen Klassiker dargestellt worden, aber nur selten als Möglichkeit und Ergebnis einer besonderen Art von Geselligkeit, wie sie sich nur in einer kleinen Stadt entfalten kann. »Sattelzeit« hat der Historiker Reinhart Koselleck jene Jahrzehnte genannt, weil mit ihnen eine Form von kulturellem Leben einsetzte, an die wir bis heute mit unserer Tradition der Moderne anschließen wollen. Ohne den Beitrag von Weimar lässt sich diese produktive Kontinuität und Diskontinuität gegenüber einer vorklassischen Vergangenheit nicht vorstellen, aus der hervorgegangen ist, was wir heute »westliche« – und das heißt am Ende wohl: »globale« – Kultur nennen. Weimar wurde zu einem weithin sichtbaren Fall, der kleinen Städten – auch den typischen »Universitätsstädten« in Deutschland – ein neues Selbstbewusstsein gab und an dem sich ein spezifischer Zusammenhang zwischen Provinz und immer neuen Konfigurationen geistiger Exzellenz paradigmatisch greifen lässt. Natürlich nicht im Sinn einer Kausalbeziehung ohne Ausnahmen, sondern als ein unter je lokal besonderen Vorzeichen und in je singulären Ausprägungen zur Wirklichkeit werdendes Potential.

Eine Reihe von konkreten Gründen muss dazu beigetragen haben, die Hoffnung des jungen Johann Wolfgang Goethe aufgehen zu lassen, gerade in Weimar Möglichkeiten zur Verwirklichung seiner Ideen von einem guten Leben zu finden, die ihm seine nach Einwohnern mindestens zehnmal größere Vaterstadt Frankfurt nicht bot – und einige dieser Gründe gewinnen bis heute eine dreidimensionale Plausibilität für die Besucher der Weimarer Innenstadt. Zuerst und ganz offensichtlich nimmt eine kleine Stadt nur wenig individuelle Zeit in Anspruch. Der Fußweg von Goethes Haus am Frauenplan zum herzoglichen Schloss dauert kaum zehn Minuten, und in seiner Mitte liegt das Haus der Familie von Stein. Selbst unter für uns kaum noch vorstellbaren rudimentären Technologiebedingungen scheinen zeitverschlingende Krisensituationen – etwa aufgrund von Wetterkatastrophen oder ansteckenden Krankheiten – in Weimar die Ausnahme gewesen zu sein. Zweitens öffneten sich für Personen mit sichtbaren Fähigkeiten in einer Stadt und einem Staat von Weimars begrenzter Ausdehnung vielfältige Perspektiven, um Einfluss auf langfristige Gestaltungsprojekte zu nehmen. Die pure Begeisterung der jungen Regentin Anna Amalia für Musik, Literatur und Philosophie reichte aus, um Weimar eine nationale Aura zu geben. Aber auch die hierarchische, quasi militärisch geformte Struktur politischer Entscheidungen trug in paradoxaler Weise zur Steigerung solcher Möglichkeiten bei, da sie ja – vor allem in der Freundschaft zwischen dem Herzog und Goethe – ohne Komplikationen oder Rechtfertigungszwänge aufhebbar war. Karl August von der Notwendigkeit der Einrichtung eines Hoftheaters oder einer prominenten Berufung nach Jena zu überzeugen, erforderte keine politischen Strategien oder rhetorischen Anstrengungen, wie sie Frankfurt verlangt hätte.

In der hoch-choreographierten Hofgesellschaft von Weimar und in Jenas enger Universitätswelt konnte man sich drittens kaum aus dem Weg gehen. So waren vor allem der Herzog und Goethe aufeinander angewiesen und lernten, von ihrer Bereitschaft für wechselseitige Zugeständnisse zu profitieren. Karl August wuchs als Politiker während der zwei Jahre von Goethes Italienreise, während seine für den Weimarer Staat übernommenen Aufgaben für Goethe neue Dimensionen seines Naturinteresses eröffnet hatten. In der Enge von Weimar mussten Frau von Stein und Goethe nach dem Ende ihrer Liebe eine neue Form der Gemeinsamkeit finden. Vor allem aber wäre es Schiller und Goethe in einer größeren Stadt leichtgefallen, ihre ursprüngliche Abneigung beizubehalten oder sogar zu kultivieren. In Frankfurt oder Stuttgart hätten sie wohl andere Gesprächspartner nach ihrem je eigenen Geschmack gefunden, statt sich gerade in der Öffnung auf wechselseitige Differenzen weiterzubilden. Schließlich – und diese vierte Bedingung mag ihre deutlichste Relevanz in der akademischen Welt erreichen – wirkt die Entstehung von Protagonisten-Gruppen (von »intellektuellen Netzwerken«, wie man derzeit gerne sagt) in einer kleinen Stadt besonders ermutigend. Der junge Goethe wusste, dass Anna Amalia ihre Versprechen gegenüber Wieland gehalten hatte, und Herder konnte Goethes frühe Begeisterung für Weimar direkt erleben. Wer als Student oder Professor nach Jena kam, der durfte auf die Gelegenheit eines Gesprächs mit Schiller oder Fichte hoffen. Wo aber intellektuelle Geselligkeit als Alltag und freie Verfügung über die eigene Zeit im Leben der Provinz konvergieren, da liegt die Chance von Kontemplation – genauer von säkularer Kontemplation als Praxis der Vertiefung in bestimmte Themen und als immer neue Rückkehr zu ihnen, von Kontemplation als Chance wachsender Komplexität und wachsender Prägnanz in der Erfassung der Welt. Dass die enge soziale Welt einer Provinzstadt wie Weimar umgekehrt auch gerade zu Blockaden des Denkens und zur Akkumulation von Enttäuschungen hätte führen können, liegt auf der Hand. So gesehen war Goethes Weimar ein Glücksfall – gewiss jedoch kein Zufall.

Die entscheidende, spezifisch deutsche Bedingung für das Erscheinen des Phänomens Weimar und Jena lag im Fehlen einer Hauptstadt als Kontrapunkt zur Provinzwelt. Goethe stammte aus der Metropole Frankfurt und hatte an der Universität der großen Stadt Leipzig studiert, doch für seine Existenz in Weimar und für die entstehende Klassik spielten Frankfurt, Leipzig oder auch Berlin kaum eine Rolle mehr. Dies verhielt sich – und bleibt bis heute – grundlegend anders in jenen europäischen Nationen, die eine Hauptstadt mit langer Geschichte haben. Auch dort entstanden zwar – mit der Ausnahme des am konsequentesten zentralisierten Frankreich – berühmte Universitätsstädte in der Provinz, doch sie liegen meist an der hundert bis zweihundert Kilometer entfernten Peripherie der Hauptstadt und gewinnen stabile Identität vor allem aus dem Kontrast zu ihr. Oxford und Cambridge, Bologna und Padua, Salamanca in Spanien, Coimbra in Portugal und Lund in Schweden sind berühmteste Fälle dieses Typus, dessen räumliche und institutionelle Logik sich selbst in Neugründungen des zwanzigsten Jahrhunderts bewährt hat (etwa in der Entwicklung der Universität Aarhus auf Halbdistanz zu Kopenhagen seit 1928). Langfristig und strukturell gesehen existiert kein deutsches Äquivalent zu Oxbridge, Salamanca oder Lund, zu akademischen Kleinstädten, die grundsätzlich von der Wolke des Provinziellen ausgenommen sind, sondern nur eine offene Reihe von Universitätsstädten ohne Muster der räumlichen Verteilung und mit wechselnden Geschichten intellektueller Distinktion (Göttingen, Jena, Marburg, Heidelberg, Tübingen, Freiburg etwa), zu denen in den Jahrzehnten nach 1960 einige mit ehrgeizigen Plänen auf den Weg gebrachte neue Hochschulen (wie Bielefeld oder Konstanz) gekommen sind.

Dass der Mangel einer Hauptstadt als definierender Gegenpol den Provinzstädten mit kulturellem Leben in Deutschland eine spezifisch labile, aber eben gerade darin oft produktive Rolle gegeben hat, zeigt sich auch in der Geschichte des kritischen Begriffs vom »Philistertum«, der im neunzehnten Jahrhundert unserer negativ belegten Version des Provinzbegriffs vorausging. In seiner Schrift »Zu brüderlichem Andenken Wielands« von 1813 hatte Goethe aus Weimarer Perspektive eine frühe Umschreibung jenes Verhaltensstils vorgegeben: Wieland, bemerkte er, »lehnt sich auf gegen alles, was wir unter dem Wort Philisterei zu begreifen gewohnt sind, gegen stockende Pedanterei, kleinstädtisches Wesen, kümmerliche äußere Sitte, beschränkte Kritik, falsche Sprödigkeit, platte Behaglichkeit, anmaßliche Würde, und wie diese Ungeister, deren Name Legion ist, nur alle zu bezeichnen sein mögen«. Halten wir fest, dass das Lob Wielands als Verkörperung des Weimarer Geistes hier nicht aus dem – in Deutschland gar nicht abrufbaren – Gegensatz zur Hauptstadt gewonnen wurde, sondern durch einen Kontrast, der die Bevölkerung des provinziellen Weimar selbst in zwei Gruppen teilte. Zwischen Wieland und seinen Freunden auf der einen und dem »kleinstädtischen Wesen« der »Philister« auf der anderen Seite scheint Weimar als ein Ort der Ambivalenz auf.

Der Ursprung dieses Wortgebrauchs zur Markierung einer Grenze, die im Inneren der Provinz verläuft, geht nach Auskunft der Sprachhistoriker auf eine strukturell ähnliche Situation in der Universitätsstadt Jena kurz vor 1700 zurück. Anlässlich seiner Leichenpredigt auf einen ermordeten Studenten soll der zuständige Geistliche (in offenbar lose improvisiertem rhetorischen Zusammenhang) den Ausruf »Philister über dir, Simson« aus dem Buch »Richter« (16,9–20) des Alten Testaments zitiert haben, um eine Drohung über den Täter und Studentenfeind zu verhängen (der allerdings nach der Logik der biblischen Erzählung eher mit Simson zu identifizieren war als mit den drohenden Feinden Israels). Jedenfalls wurde deren Name »Philister« bald für alle Gegner von Studenten und dem ausgelassenen Leben überhaupt assoziiert. Als das Wort dann später und viel allgemeiner für jegliche sozialen Typen der Provinz stehen konnte, mit denen sich ein Sprecher nicht identifizieren wollte, wurde es erstens zum Symptom für die in Deutschland besonders tiefen Spannungen in dieser Dimension der Gesellschaft – und konnte zweitens natürlich kaum inhaltliche Stabilität gewinnen. Ohne einen Gegenpol außerhalb ihrer selbst waren die Provinz und deren Erfahrung von den wechselnden Erfahrungsperspektiven ihrer Einwohner abhängig. Deshalb eben konnte etwa Novalis als »philiströs« jedes unbedingte Festhalten an Konventionen bezeichnen, unabhängig von seinen spezifischen Inhalten: »Philister leben nur ein Alltagsleben. Sonntags ruht die Arbeit, sie leben ein bisschen besser als gewöhnlich und dieser Sonntagsrausch endigt sich mit einem etwas tiefern Schlaf als sonst; daher auch Montags alles noch einen raschern Gang hat. Ihre *parties de plaisir* müssen konvenzionell, gewöhnlich, modisch seyn, aber auch ihr Vergnügen verarbeiten sie, wie alles, mühsam und förmlich.« Am Gebrauch des Worts »Philister« für alles Konventionelle festhaltend, wandte es Heinrich Heine schließlich sogar auf das Misslingen einer früher fortschrittlichen oder gar revolutionären Politik an, die ihre Kraft zur Innovation verloren hatte.

Außergewöhnlich wirkt im europäischen Zusammenhang also nicht allein der Grad an kultureller Instabilität und Energie, wie er sich in Städten der deutschen Provinz immer wieder entfaltet hat. Da über Jahrhunderte der Kontrast einer nationalen Hauptstadt fehlte, entstand in Deutschland auch eine singuläre interne Spannung und Ambivalenz im Selbstbild der Provinz, zu deren Symptomen die intensiv aufgeladene Unbestimmtheit des Begriffs vom »Philister« gehörte. Als stärkstes Symptom dieser Ambivalenz und ihres Fortwirkens sehe ich allerdings nicht ein bestimmtes Wort oder einen bestimmten Text an, sondern das Werk des Genremalers Carl Spitzweg und seine bis heute ungebrochene Popularität unter den Deutschen. 1808 als zweiter von drei Söhnen einer wohlhabenden Münchner Bürgerfamilie geboren, folgte Spitzweg ohne Widerstand und trotz früh deutlicher Talente im Zeichnen und Malen der vom Vater für ihn vorbestimmten Ausbildung zum Apotheker. Seine erste Anstellung führte ihn in die niederbayerische Kleinstadt Straubing mit ihren berühmten mittelalterlichen Gebäuden, wo er besonders glückliche Jahre verbrachte und eine bleibende Begeisterung für Orte ähnlicher Stimmung gewann. Das im letzten Jahrhundert zu einer Hochburg des Tourismus aufgestiegene Rothenburg ob der Tauber zum Beispiel beschrieb Spitzweg als »ein mit Ringmauern umgebenes schwäbisch gotisches Nestlein voll Juwelen alter Architektur, die, wenn man sie anders wohin versetzen könnte, mit Millionen bezahlt würden, Giebel und Thürmchen und Erker und Thürme ohne Ende und in allen Formen hier durch die Stadt«. Diese in ihren Diminutiven schwimmende Liebe zur Provinzidylle war die eine Seite im Leben und Werk von Carl Spitzweg. Nachdem er 1833 seinen Teil des väterlichen Erbes angetreten hatte, gab er den Apothekerberuf auf, um sich ganz der Malerei zu widmen, die freilich nie voll seine existenznotwendigen Einkünfte abdecken sollte. Reisen ins »Morgenland«, nach Italien, Paris und London waren ihm wichtige Inspirationen, doch zugleich verbrachte er immer wieder Wochen und Monate in historischen Kleinstädten Süddeutschlands, unter denen er besonders das fränkische Pommersfelden liebte.

Erstaunlicherweise ging diese spätromantische Zuwendung des Münchner Bürger-Künstlers zur Provinz einher mit der gegenläufigen Perspektive von Bild- und Text-Beiträgen in der satirischen Zeitschrift »Fliegende Blätter«, zu deren Autoren unter anderen der konsistent gegenwartskritische Wilhelm Busch gehörte und auf deren Seiten es keine Milde für Philister gab. Haben wir uns bisher mit der Rede von der Ambivalenz der deutschen Provinz auf wechselnde interne Wahrnehmungen einer Spannung bezogen (nach dem Prinzip: »Philister sind immer die anderen Bewohner der Provinz«), so wurde dieselbe Spannung in Spitzwegs Existenz und vor allem in seinen Bildern zu einer oft komplizierten und zugleich gefälligen Oszillation zwischen Gesten der Begeisterung und Gesten der Ironie. Je deutlicher sich genau diese Oszillation in einzelnen Werken artikulierte, desto stärkere Resonanz scheinen sie gefunden zu haben. Viele Spitzweg-Gemälde allerdings erlauben es dem Betrachter, die ironische Dimension zu übersehen oder sogar auszublenden. Etwa das »Spanische Ständchen« aus dem Jahr 1856, in dessen Vordergrund acht Musiker verschiedenen Alters ihre verschiedenen Instrumente für eine junge Frau spielen, die über ihnen auf dem efeuumrankten Balkon einer heimeligen Altstadt sichtbar wird. Mit einigem kritischen Willen kann man in den Gesichtern der Musiker allzuviel beflissene Anstrengung entdecken, doch kein Detail stellt sich andererseits einer genussvollen Identifikation mit der Stimmung der Szene in den Weg. Dies gilt ebenso für Werke wie das späte Ölbild »Der Briefträger« mit seiner Einladung, sich in einen romantischen Stadtraum unter Tageshimmel – statt unter Sternen – zu versetzen.

Die Appellstruktur von Spitzwegs Bildern verschiebt sich etwas, wenn im Zentrum der kleinstädtischen Milieus individuelle Protagonisten erscheinen, etwa der alte Vogelfreund mit seiner Pfeife auf dem Gemälde vom »Sonntagmorgen«, der »Zeitungsleser im Hausgärtchen« oder der junge Mann der »Rosenduft-Erinnerung«. Da der junge Mann die Augen voller Entzücken über den Duft der Rosen unter seiner Nase schließt, wird ein Bewusstsein vom Genuss jenes Moments suggeriert, das überzogen und mithin wie die Spur einer ironischen Distanz des Künstlers wirkt. Mit Novalis ließe sich sagen, dass ein solches Zelebrieren von erwarteten Genüssen unvermeidlich in »Konvention« und mithin in Gesten von Philistertum umschlägt. Freilich heben die potentiell kritischen Aspekte den übergreifenden Eindruck von Spitzwegs Begeisterung für Genre-Szenen keinesfalls auf. Seine berühmtesten Bilder scheinen zugleich selbstverliebt und kritisch, affirmativ und ironisch. Das unbestrittene Meisterwerk dieser besonderen Ambivalenz-Struktur ist »Der arme Poet« von 1839, kaum zufällig Carl Spitzwegs beliebtestes Bild. Nicht einen in seine eigene Welt und sich selbst verliebten Bürger zeigt es, sondern einen Dichter, den seine soziale Exzentrik von der Welt der Bürger-Philister ausgeschlossen hat. Doch auf der anderen Seite repräsentiert die Dachstube, die er bewohnt, in jedem Detail so vollkommen seine Marginalität, scheint die rechte Hand den Rhythmus des eigenen Texts, den der arme Poet liest, derart frenetisch zu begleiten, dass auch er, der Exzentriker – wie die Bewohner der Bürgerwelt –, den Status der eigenen Existenzform allzu begeistert genießt und dadurch zu einer ironischen Gestalt wird (ähnlich den philiströsen Revolutionären, die Heinrich Heine verspottete). Wer lange genug vor Spitzweg-Bildern dieses Typus verweilt, wird zu einer Oszillation zwischen Identifikation und ironischer Distanz – etwa im Blick auf den »Armen Poeten« – motiviert. Im Auslösen dieser Oszillation, die einer besonderen Ambivalenz der Provinz in der deutschen Kultur entspricht, erfüllt sich Spitzwegs Stärke. Doch die Oszillation ist nicht zu haben ohne die Möglichkeit von Affirmation und Selbstgenuss – und macht deshalb Spitzwegs Bilder wie die ganze Provinzkultur zu einem auch in seinem ästhetischen Wert ambivalenten Erbe.

Eindeutiger noch als der Philister-Typ gehört zu Spitzwegs Welt der Begriff vom Biedermann oder Biedermeier, dessen Bedeutung die Phänomenologie der Provinz mit besonderer Trennschärfe fassbar macht. Ursprünglich bezeichnete das Adjektiv »bieder« eine genuine Tapferkeit und unbedingte Ehrlichkeit, die als ständeübergreifende nationale Tugenden in den Befreiungskriegen gegen Napoleon erlebt worden waren. Daraus entstanden eine Konvention, eine Mode und ein wahrer Kult der »Biederkeit«, deren unablässige Wellen das Wort bald trivial werden ließen und nach dem Ende der Restaurationszeit sogar zum Gegenstand vielfältiger Varianten des Spottes machten. Als »bieder« galt nun ein überzogenes Bestehen auf Heimat, Nähe, Provinz und Familie, das alle potentielle Anziehungskraft dieser Dimensionen neutralisierte. In Reaktion darauf veröffentlichten die schon genannten »Fliegenden Blätter« 1855 eine parodistische Gedichtsammlung unter dem Titel »Die Gedichte des schwäbischen Schulmeisters Gottlieb Biedermeier und seines Freundes Horatius Treuherz«.

Die Namen hätten sich durchaus für jene Gestalten in Spitzwegs Bildern geeignet, denen man die Begeisterung für ihre eigenen Umwelten so deutlich ansehen kann. Vor allem aber – und im Gegensatz zum Konzept des Philisters, dessen inhaltliche Konturen sich damals bereits weitgehend aufgelöst hatten – bewahrte der Begriff des Biedermanns bis ins späte neunzehnte Jahrhundert eine Erinnerung an die Ambivalenz der Provinz, an ihr Changieren und ihre gegensätzlichen Potentiale, wie der folgende Satz aus dem Jahrgang 1865 von »Cottas Morgenblatt für gebildete Stände« belegt: »Die Offenheit und Redlichkeit, welche sich zunächst durch den aufrichtigen, wohlwollenden Blick kundgibt, wird zum Typus des ›Biedermannes‹, der aber nach oben hin zur aufopfernden Generosität sich veredeln, nach unten zur unangenehmen, zudringlichen und selbstbewussten wohlfeilen Gemütlichkeit sich verschlechtern kann.« Zu einer solchen doppelten Stimmung und Bedeutung hatte sich die Provinz speziell in Deutschland über das achtzehnte und neunzehnte Jahrhundert aufgeladen. In dieser Provinz, die sich von keiner Hauptstadt absetzen konnte, entstanden zum einen jene Werke, die Deutschland in der Wahrnehmung anderer Nationen zum »Land der Dichter und Denker« machten. Aber in derselben Provinz verdichtete sich zum andern auch eine einzigartig selbstzufriedene Borniertheit. Blieb solche Borniertheit Nationen mit einer markanten Hauptstadt erspart?

Provinz im Kraftfeld der Literatur

NICHTS steht in gnadenloserem Kontrast zur gemütlichen Provinzwelt von Karl Spitzwegs Gemälden als jene grellen Szenen der französischen Hauptstadt, die Charles Baudelaire für seine »Tableaux Parisiens« erfand. Baudelaire war 1821, dreizehn Jahre nach Spitzweg, geboren, der seinen Tod bis 1885, das heißt um achtzehn Jahre überlebte. Als Baudelaires Paris-Gedichte 1857 innerhalb seiner »Fleurs du Mal« erschienen, war die Ausstrahlung eines angenehm bewohnbaren bürgerlichen Alltags wohl schon zur Konvention verblasst. Baudelaire ruft sie in der ersten Zeile des Texts von der »Abenddämmerung« (»Crépuscule du soir«) noch einmal ab und gewinnt so einen Hintergrund, vor dem Beschreibungen der Großstadt als Zone monumentaler Kälte ihre Prägnanz annehmen:

Der süße Abend kommt der's mit den Schächern hält;
Er schleicht sich wie ihr Helfershelfer sacht heran; nun fällt
Des Himmels riesige Portiere langsam vor
Und Raubwild will in uns den Irrenden empor.

Statt Gefühle feierabendlicher Ruhe heraufzubeschwören (wie es der ursprünglichen Bedeutung des Worts »charmant« im französischen Original entspräche), scheint der Abend hier als Freund und Komplize des Schächers auf; statt das bei Spitzweg so sprichwörtlich goldene Abendlicht zu verströmen, »schließt sich langsam der Himmel« über Paris; und statt sich wohlzufühlen, wird der Mensch »zum fahlen Tier«.

Mit den ersten Zeilen der langen zweiten Strophe gehen diese Gegensätze über in ein Spannungsbild des erneut heraufbeschworenen Klischees vom »liebenswerten« Feierabend als Stunde der Erschöpfung und des Schmerzes für Menschen, die den Tag über hart gearbeitet haben:

O Abend lieber Abend welcher den erfreut
Des Arme sonder Lüge sagen können: heut
Sind fleißig wir gewesen! – Linderung beschert
Der Abend Geistern die ein wilder Schmerz verheert
Den zähen Forscher dessen Stirn sich senkt befreit er
Und nieder legt sich der gebeugte Lohnarbeiter.

Über der abendlichen Erschöpfung aber breiten sich Bewegungen einer Zersetzung des vermeintlich guten Lebens aus:

Bei Lichtern die im Luftzug hin und her gespenstern
Entzündet sich die Unzucht in den Gassen;
Ameisen die den Bau aus jedem Loch verlassen.
Wie sie sich überall verborgen Wege bahnt
Ist sie dem Feinde gleich der einen Handstreich plant;

Sie lebt am Busen ihrer Stadt von Kot
Und stiehlt gleich einem Wurm des Menschen täglich Brot.
Ein Zischen hört man hie und da aus Küchenessen
Gekreisch von Bühnen und Orchesterton von Bässen (…)

Wenn bei Spitzweg am Abend Geliebte vom Erker einem Ständchen lauschen, geht in Baudelaires Paris die Prostitution auf, um sich wie schwärmende Ameisen ihre Wege zu bahnen, wie ein Feind, der einen Staatsstreich plant, wie ein Wurm, der den Schlamm der Stadt durchdringt und dem Menschen seine Nahrung stiehlt. Und wo das Ungeziefer alle Ordnung zerstört, durchdringt das Pfeifen der Küchen, das Jaulen der Theater und das Schnarchen der Orchester die Harmonie des Abends.

Diese aggressive Sinnlichkeit der Vorstellungen im Zwielicht der Abend- und der Morgendämmerung (»Crépuscule du matin«, »Das Morgengrauen«) erstickt alle genüsslichen Gefühle von der eigenen Welt. Und so kehrt das zweite Gedicht mit dem kalten Wind des frühen Tages zu den schmerzenden Geräuschen und dem beängstigenden Bild vom zersetzenden Ausschwärmen (nun der Träume) zurück:

Der weckruf erscholl in den höfen der kasernen
Und der morgenwind blies auf die laternen.

Es war die stunde da schwärme von bösen träumen
Die dunklen jünglinge auf ihren kissen bäumen (…)

Statt im Weckruf der Kasernen (für den im Französischen der Göttinnen-Name »Diane« stehen kann) und im Licht des Morgens aufzugehen, zuckt der warme Schein der nächtlichen Lampe noch als ein blutendes Auge, während sich das dunkel-müde Paris wie ein Greis die Augen reibt, aufsteht und seine Werkzeuge in die Hand nimmt:

Da, wie ein blutendes auge das zuckt und sich rührt
Die lampe den tag mit rotem fleck beschmiert
Da die seele, vom plumpen körper beschwert,
Sich wehrt wie die lampe gegen den tag sich wehrt (...)
Und die augen sich reibend, ein rüstiger greis,
Ging das finstre Paris an die arbeit mit fleiß.

Beim Lesen der beiden Gedichte von Baudelaire nehmen wir literarische Texte als ein Kraftfeld der Imagination und des Ausdrucks wahr, in dem sich konventionelle Erfahrungen – wie die Idylle vom harmonischen Feierabend – in gegenläufig neue Bilder und Gefühle – hier in Ahnungen von der menschenunfreundlichen Intensität der großen Stadt – verwandeln. Literatur als Kraftfeld solcher Transformationen, darum geht es vor allem in diesem Kapitel, kann aus Vorstellungen und Wörtern des Alltags eine eigene Welt hervorbringen. Kein Zeitgenosse konnte je die ganze verstörende Erhabenheit von Baudelaires Paris in den »Tableaux Parisiens« als eine Realität der Stadt selbst erleben oder entdecken, als eine Realität, die außerhalb der literarischen Texte bestand.

Andererseits haben solche von der empirischen Wirklichkeit unabhängigen Bilder, Begriffe und Gefühle die Erfahrung von der großen Stadt auf Jahrzehnte geprägt und so als literarischer Gegenpol auch entscheidend dazu beigetragen, den Gedanken an die Provinz ihre Konturen zu geben. Typologisch gesehen gehörte die von Baudelaire auf die Spitze getriebene Spannung zwischen dem schrill-literarischen Paris und einer angenehm bewohnbaren Welt vor allem zu jenen Kulturen, die – anders als die deutsche Welt – aus dem elementaren Gegensatz zwischen einer Hauptstadt und den sie umgebenden Provinzen entstanden waren. Als historischer Horizont scheint dieser Kontrast den – typisch deutschen – Aufstieg von kleinen Städten zu intellektueller und ästhetischer Intensität ebenso blockiert zu haben wie ihren behäbigen Selbstgenuss. Einen Genremaler von Spitzwegs Stil und Beliebtheit sucht man jedenfalls in einem Land wie Frankreich vergeblich.

Dies mag damit zu tun haben, dass dort – in Synchronie mit dem dominierenden Selbstverständnis als Nation – ein Bogen von Texten zum literarischen Kanon wurde, der unabhängig von den jeweiligen politischen Positionen ihrer Autoren jene historische Dynamik illustriert und konkretisiert, die wir bis heute nicht nur in Europa die Bewegung der »Moderne« nennen. Die komplexe Konvergenz mit der Moderne hat besonders der französischen Literatur einen paradigmatischen Status gegeben und als Kontext entscheidend die Vorstellungen geprägt, welche der Begriff »Provinz« noch im einundzwanzigsten Jahrhundert auslöst. Schon lange vor Baudelaires Gedichten und dem neuen Portrait von der Hauptstadt mit seiner aggressiven Ästhetik war so der Gegensatz zwischen der Provinz und Paris zum Ursprung immer neuer Erzählungen geworden. In Honoré de Balzacs berühmtem »Avant-Propos«, der Ouvertüre zur Romanwelt seiner »Comédie Humaine«, taucht er 1842 – wie selbstverständlich – als Teil einer mehrstelligen Typologie auf. Balzac liebte es, der ausufernden Phantasie seiner Erzählungen abstrakte Kategorien als auszufüllende Räume einer Ordnung vorzugeben, die freilich nie zu einem wirklich kohärenten System wurde. Wie sich zum Beispiel die übergeordneten Romangruppen der »Etudes des moeurs«, »Etudes philosophiques« und »Etudes analytiques« voneinander unterscheiden sollen, kann kein Leser eindeutig rekonstruieren. Etwas greifbarer, wenn auch nicht ohne Überlappungen und Widersprüche, erscheinen die verschiedenen, als »Etudes des moeurs« zusammengefassten, proto-soziologischen Szenarien: »Scènes de la vie privée«, »Scènes de la vie de province«, »Scènes de la vie parsienne«, »Scènes de la vie militaire« und »Scènes de la vie de campagne«.

Im Zentrum des mit seinen neunzig Romanen beileibe nicht voll ausgefüllten Projekts der »Comédie humaine« steht in quantitativer wie qualitativer Hinsicht der Gegensatz zwischen den Provinzen und Paris, den Balzac als eine Art von generativem Prinzip ansah: »Paris et la province, cette antithèse sociale a fourni ses immenses ressources.« Dies waren die beiden Welten, welche er in seinen Romanhandlungen immer wieder voneinander absetzte und – viel deutlicher als die an erster Stelle genannten »Scènes de la vie privée« – mit spezifischen Inhalten assoziierte:

Die eingangs unterstellte Beziehung zwischen Kindheit, Jugend und privatem Leben hat offenbar mit dem Sachverhalt zu tun, dass sich der Übergang zum Erwachsensein als Schritt aus der Privatheit der Familie in die Gesellschaft vollzieht (oder als Schritt in die »Öffentlichkeit«, wie man die Gegendimension zur Privatheit im neunzehnten Jahrhundert zu nennen begann). Paris als Hauptstadt sollte nach Balzac der Ort sein, der alles Verhalten in seine »extremen« Formen trieb. Zur Provinz hingegen, so kann man ihn wohl paraphrasieren, gehören die Leidenschaften: vor allem das Leben als Leidenschaft der Liebe, obwohl *amour* im »Avant-Propos« nicht explizit erwähnt wird; als Leben in der Leidenschaft des Besitzes; und überhaupt als ein Leben, getrieben vom Ehrgeiz, der drängendsten aller individuellen Leidenschaften (das an dieser Stelle auftauchende Wort *intérèt* für »Absicht« lässt sich wohl in diesem Sinn übersetzen). Noch einmal ist zu betonen, dass auf einem ganz anderen Blatt steht, ob die Provinz damals – oder je später – zum »wirklichen Ort der Leidenschaften« wurde, wenn man sich denn überhaupt ein empirisches Äquivalent zu diesem Satz vorstellen kann. Balzac rechnete jedenfalls damit, dass den Lesern dieser literarisch geformte Begriff von der Provinz vertraut und plausibel vorkam. Und eben deshalb erschließen seine Romane ihre kulturgeschichtliche Bedeutung.

Unser Eindruck, dass Balzac mit der Provinz viel konkretere Vorstellungen verband als mit dem privaten Leben und auch mit dem Leben in Paris, und dass im Zentrum dieser Vorstellungen die Leidenschaften als potentielles Energiezentrum des Erzählens standen, erklärt den besonderen Status von »Eugénie Grandet«, Balzacs 1833 veröffentlichtem ersten Provinz-Roman. Literaturhistoriker sehen ihn als entscheidenden Durchbruch in seiner Schriftstellerkarriere an, als jenen Text, mit dem Balzac zu einer singulären Form des Schreibens fand, »zu sich selbst« sozusagen. Zwei voneinander unabhängige Episoden der Leidenschaft machen die Handlung von »Eugénie Grandet« aus: die enttäuschte Liebe der Titelheldin und der ebenso konsequente wie unaufhaltsame Aufstieg ihres Vaters, des Küfermeisters Félix Grandet, zu immensem Reichtum, der Habgier als Lebensform nur immer weiter intensiviert, statt sie zu befriedigen und aufzuheben.

Die ersten Seiten des Buchs lassen die Beschreibung der Häuser von Saumur, einer Kleinstadt sechzehn Kilometer westlich von Tours, wo Balzac geboren war, mit dem Portrait von Eugénies Vater konvergieren und auch mit der Geschichte Frankreichs seit der Revolution, als Félix Grandet das umfangreiche finanzielle Erbe seiner Frau nutzte, um ehemals kirchliche Ländereien als Grundlage eines bald beständig wachsenden Besitzes zu erwerben. Grandets Körper und sein Gesicht repräsentieren, wie es immer mehr zu einer zentralen Technik von Balzacs realistischem Erzählen werden sollte, seine Herkunft und seinen Charakter, das heißt in diesem Fall: Sie machen die Enge der Provinz und die Monomanie der Habgier, verbunden mit konsequenter Selbstbeherrschung und einem besonderen Typ praktischer Intelligenz, vorstellbar und im doppelten Sinn lesbar, lesbar als Text und lesbar im Sinn einer Deutung der beschriebenen Züge:

»Grandet war ein Mann von fünf Fuß, untersetzt, vierschrötig, mit Waden von zwölf Zoll Umfang, knotigen Knien und breiten Schultern. Sein Gesicht war rund, lederbraun und pockennarbig; sein Kinn war gerade, seine Lippen waren dünn und ohne Schwung, seine Zähne weiß; seine Augen hatten den kalten, vernichtenden Blick, den der Volksmund dem Basilisken gibt (...)

Dies Gesicht redete von gefährlicher Schlauheit, von einer Redlichkeit ohne innere Wärme oder Überzeugung, vom Egoismus eines Mannes, der sein Gefühlsleben auf zwei Dinge allein zu konzentrieren weiß: auf die Freuden des Geizes und auf die einzige Erbin seines Reichtums, auf seine Tochter Eugénie.«

Kein Anzeichen von Überfluss und Exzess gehört zum gedrängten Körper dieses Manns mit seinem sonnengegerbten und pockennarbigen Gesicht, so dass sich alle Elemente seiner Existenz in der Energie von Habgier und Geiz verdichten können (»la jouissance de l'avarice« ist eine in ihrer drastischen Kraft nicht zu überbietende Formulierung). Félix Grandet verkörpert die Habgier, er geht in ihr auf. Wer als Leser für einen halben Satz gehofft hatte, Eugénie, seine Tochter, könne die eine Ausnahme von dieser absoluten Konzentration sein, wird sogleich eines Schlimmeren belehrt: nur als Erbin, nur als Zukunft von Grandets Besitz, spielt sie eine Rolle für ihn.

Die Entfaltung des Motivs von der Habgier als Provinz-Leidenschaft findet einen definitiven, zugleich grotesken und tragischen Höhepunkt in der Szene von Grandets Tod. Als der Priester beim Ritual des Sterbesakraments ein Kruzifix mit der Christusgestalt aus Silber über seinem Gesicht erhebt, wächst der Drang, dieses Metall mit seinen Lippen zu berühren, zu solch animalischer Kraft, dass er Grandet – in eine impulsive Bewegung schnellend und seine verbleibenden Kräfte überfordernd – das Leben kostet. Und so reagiert der Vater auf Eugénies Bitte um seinen Segen nur noch mit der drohenden Erinnerung, dass sie ihm einst Rechenschaft – im wörtlich finanziellen Sinn – schulden werde:

»Als der Pfarrer kam, um ihm die letzte Ölung zu erteilen, belebten sich seine schon stundenlang fast blinden Augen beim Anblick des Kreuzes, der

Kerzen, des silbernen Weinkessels, den er starr anstierte, und sein Nasengewächs wackelte zum letztenmal. Als der Priester das vergoldete Kruzifix an seine Lippen brachte, damit er das Bild Christi küsse, machte er eine wütende Anstrengung, um es an sich zu reißen, und das kostete ihm das Leben. Er rief Eugénie, die er nicht gewahrte, obgleich sie vor ihm kniete und seine schon erkaltete Hand mit ihren Tränen badete.

»›Mein Vater, segnen Sie mich‹«, bat sie.

»›Hab acht auf alles! Dort drüben wirst du mir Rechenschaft ablegen müssen‹, sagte er und bewies mit diesem letzten Ausspruch, daß das Christentum auch die Religion der Geizhälse ist.«

Den Tod ihres Vaters erlebt Eugénie als die damals sprichwörtliche »Frau von dreißig Jahren«, die noch an die Erfüllung einer großen Liebe glaubt. Diese späte Hoffnung vor allem macht ihre Liebe zu einer Leidenschaft in der Stimmung der Provinz. Eugénie hatte an ihrem Geburtstag im Jahr 1819 den Vetter Charles aus Paris kennengelernt, der Grandet einen Brief des eigenen Vaters übergab. Vor dem Selbstmord im Moment des Bankrotts aller Geschäfte stehend, hatte er den Bruder gebeten, seinem Sohn – eben Charles – die Reise ins Exil nach Indien zu ermöglichen. Eugénie verliebt sich in den jungen Mann aus der Hauptstadt und gibt ihm gegen vage Treueversprechen, denen sie blind vertraut, jene Goldstücke in die Hand, die sie vom Vater zu ihren Geburtstagen empfangen hatte.

Wenige Wochen nach dem Tod des alten Grandet erreicht Eugénie, die Saumur nie verlassen hat, ein Brief ihres Vetters, der in Indien zu Reichtum gekommen ist. Mit herablassend distanzierter Höflichkeit berichtet er von seinen Erfolgen und von dem Plan, nach der Rückkehr in die Hauptstadt eine »standesgemäße« Ehe einzugehen. Das Postscriptum kündigt an, dass er Eugénie den Wert ihrer Goldstücke – verzinst und per Bankanweisung – erstatten wird, und fügt akribisch die Bitte um postalische Übersendung von Kleidungsstücken hinzu, die er bei seinem Aufbruch in Saumur gelassen hatte. Mit der Lektüre dieser Worte schließt sich für die dreißigjährige Eugénie jener Horizont der Zukunft, dessen Erfüllung allein sie entgegengelebt hat. Keine Möglichkeit der Veränderung bleibt in ihrer Existenz. In dramatischen Worten beschwört Balzac den Augenblick von Eugénies Hilflosigkeit herauf: »Das Schiff barst und sank und ließ auf dem weiten Meer der Hoffnung nicht eine Planke, nicht eine rettende Leine zurück.« Doch dann kämpft sie nicht mehr um Charles – wie es eine nach Extremen strebende Frau aus Paris getan hätte. Eugénie fügt sich ihrem Schicksal »mit gesenktem Haupt«. Dies, lesen wir, sei »die wahre Liebe«, »die Liebe der Engel« – und die Leidenschaft der Provinz:

»Es gibt Frauen, die den treulosen Geliebten den Armen der Rivalin entreißen, die sie töten, – und flüchten ans Ende der Welt, aufs Schafott, ins Grab. Das ist sicherlich schön; der Beweggrund des Verbrechens ist hier eine erhabene Leidenschaft, die der menschlichen Gerechtigkeit spottet. Andere Frauen lassen den Kopf sinken und dulden schweigend; entsagungsvoll erwarten sie den Tod, weinen und verzeihen, beten und leben bis zum letzten Seufzer von der Erinnerung. Das ist die Liebe, die wahre Liebe, die Liebe der Engel, die verzehrende Liebe, die sich von ihren Schmerzen nährt und an ihnen zugrunde geht. Das war die Liebe Eugénies, nachdem sie den entsetzlichen Brief gelesen hatte.«

Unter der Bedingung, »nie an eheliche Pflichten erinnert zu werden«, heiratet Félix Grandets Tochter einen der beiden Männer aus den etablierten Familien von Saumur, die ihr Vater für sie ausgesucht hatte. Der zukünftige Gatte überbringt Charles in Paris einen Glückwunsch-Brief zu seiner Hochzeit und eine Anweisung von Eugénie, mit der er – »standesgemäß« – die verbliebenen Schulden des gescheiterten Vaters begleichen kann. Nur wenige Jahre später wird Eugénie zur Witwe: »... noch schön – schön wie eine Frau, die sich den Vierzigern nähert. Ihr Antlitz ist bleich, sanft, ruhig, ihre Stimme weich und zurückhaltend, ihr Wesen einfach. Sie hat den ganzen Adel des Schmerzes, die Reinheit eines Menschen, der sich stets dem Treiben der Welt ferngehalten hat, aber auch die Steifheit der alten Jungfer und die engherzigen Gewohnheiten, die nur das Provinzleben zeitigt.«

Der Schmerz wahrer Liebe, ihr Stolz und die enge Existenz der Provinz werden Eugénie Grandet nie mehr verlassen. Mit ihrem Reichtum und der Hilfe der Kirche lindert sie die Leiden alter und armer Menschen. Das eigene Leben führt sie nun nach den Vorgaben jenes Vaters, dem sie Rechenschaft schuldet, und verkörpert so am Ende die beiden Passionen der Provinz.

Zwischen 1835 und 1843 entstanden, verknüpfen die drei Teile der »Illusions perdues«, Balzacs vielleicht berühmtestem Roman, eben diese Welt der Provinz mit dem Horizont von Paris in der Geschichte von Lucien Chardon aus der südwestlichen Kleinstadt Angoulème. Lucien fühlt sich zum Dichter berufen und wird in diesem Glauben von seiner verwitweten, aus einer verarmten Aristokratenfamilie stammenden Mutter, seiner Schwester und dem Freund David Séchard ermutigt, der selbst von einer ganz anderen romantischen Zukunft als Erfinder neuer Arbeitsverfahren und neuer Maschinen träumt. Sein gutes Aussehen vor allem lässt Lucien zum Geliebten der sechsunddreißigjährigen Madame de Bargenton werden, die einen Kreis von selbsternannten Provinzdenkern und -dichtern um sich versammelt. Vor deren Eifersucht flieht das ungleiche Paar nach Paris, wo Lucien mit dem adligen Namen der Mutterfamilie als »Lucien de Rubembré« auftritt und vergeblich der Entdeckung seines Romans und seiner Gedichtsammlung harrt. Doch statt ihn zum Literaten zu krönen, entzaubert Paris seine in der Provinz entstandene Liebe. Madame de Bargenton erkennt Luciens naive Borniertheit, wird zur Geliebten von Monsieur de Chastelet, dem in Angoulême eine Laufbahn königlicher Ämter bevorsteht – und nach dem Tod ihres ersten Manns zu Chastelets Gattin. Auch Lucien hatte nach der Ankunft in Paris erlebt, wie die strahlende Herrin von Angoulême ohne die »Atmosphäre« der Kleinstadt ihre Faszination verlor:

»Madame de Bargeton ließ ihn zum Essen wecken; als er die Uhrzeit erfuhr, kleidete er sich hastig an und suchte Louise in einem jener schäbigen Zimmer auf, die Paris zur Schande gereichen, dieser Stadt, in der es aller vorgeblichen Eleganz zum Trotz nach wie vor kein einziges Hotel gibt, das einem wohlhabenden Reisenden erlauben würde, sich wie zu Hause zu fühlen. Obwohl sein Blick nach dem abrupten Erwachen noch benebelt war, erkannte Lucien seine Louise kaum wieder in dem kalten, lichtarmen Zimmer mit den uralten Vorhängen, dem hässlichen abgetretenen Fußboden und den abgenutzten, geschmacklosen, alten oder gebraucht zusammengekauften Möbeln. Es gibt ja Menschen, die völlig anders wirken und sich völlig anders betragen, sobald sie von den Gesichtern, den Gegenständen, den Orten getrennt sind, die ihren Rahmen bilden. Die äußere Erscheinung eines lebenden Menschen hat ihre eigene Atmosphäre, so wie das Helldunkel der flämischen Gemälde Voraussetzung ist für das Leben der Personen, mit denen der Genius der Maler sie bevölkert hat. Fast alle Leute vom Land gehören zu diesem Menschenschlag.«

Balzac legt dem Leser nahe, wie allein die Provinz, nicht die Hauptstadt, dem Licht der flämischen Gemälde gleich, einen Schein besitzt, der ihren Protagonisten bleibende Konturen verleiht, während die soziale Welt von Paris ihre Existenz in die Gefahren extremer Tiefen und Höhen treibt. Deshalb tut Madame de Bargeton gut daran, mit der gewonnenen Aura aus der Hauptstadt nach Angoulême zurückzukehren. Lucien aber bleibt in Paris, wo er sein Autorentalent als Journalist im Dienst der Royalisten prostituiert und die Rache einflussreicher liberaler Kollegen auf sich zieht. Um einem lebensbedrohlichen finanziellen Engpass zu entkommen, fälscht er die Unterschrift seines Freundes – und mittlerweile Schwagers – Séchard, flieht zwischen den Gepäckstücken einer Postkutsche versteckt in die Heimatstadt und muss dort die Konsequenzen seines rücksichtslosen Handelns erleben. Zum Selbstmord entschlossen, begegnet der Dichter von einst Vautrin, der faszinierendsten aller Gestalten aus Balzacs Romanwelt, einem seiner Verurteilung entkommenen Verbrecher in der Rolle des spanischen Abts Carlos Herrera, der ihn zu einem neuen Anlauf auf den Ruhm von Paris überredet.

Was in der Provinz wie Leidenschaft aussah, hatten die Blicke der Hauptstadt aufgelöst. Aus vermeintlichem Talent war Opportunismus, aus Charakterzügen waren Verhängnisse des Schicksals geworden. Der »große Mann aus der Provinz«, wie der zweite Teil des Romans Lucien ironisch nennt, hatte in Paris keinen Weg des Überlebens gefunden. Auch seine zweite Hauptstadt-Karriere, von der Balzac in »Glanz und Elend der Kurtisanen« erzählt, endet in den Fallstricken des Schicksals, aus denen ihn nicht einmal der erfahren-zynische Vautrin erretten kann. Lucien wird verhaftet, gibt unter dem Druck fortgesetzter Verhöre die Identität des vermeintlichen Abtes preis und erhängt sich in seiner Zelle. Als Vautrin – mittlerweile unter dem Namen Jacques Collin – von diesem Tod erfährt, reagiert er mit einem tierischen Entsetzensschrei, in dem sich ein alle Konturen brechendes Leiden entbirgt:

»Nie hat ein Tiger, dessen Junge geraubt wurden, den Dschungel Indiens mit solch einem grauenhaften Schrei durchdrungen, wie Jacques Collin ihn nun ausstieß, als er – wie der Tiger auf die Pranken – auf die Füße sprang, dem Arzt einen glühenden Blick zuwarf, der ihn wie ein einschlagender Blitz durchfuhr, und schließlich mit den Worten ›Oh, mein Sohn!‹ auf seinem Feldbett zusammenbrach.«

Der Schrei des Tigers »aus dem indischen Dschungel« übertönt all die anderen drastischen Szenen aus der Welt von Balzacs Romanen. Er ist die Entgrenzung – nicht die Aufhebung oder die Zersetzung – einer Leidenschaft, die allein aus der Provinz kommen konnte. Im Kraftfeld der Literatur setzt die Hauptstadt als Welt der Extreme so für einen Augenblick ihre erhabene Intensität frei. Ohne diese Übergänge bliebe die Vorstellung der Leidenschaft für immer in provinzieller Enge gefangen.

Gewiss zu Recht gilt Balzac als der Autor, dessen zugleich ausufernde und konturierte Literaturwelt sich über die frühe bürgerliche Gesellschaft gelegt und sie zu einem fiktionalen Bild der Erinnerung gerahmt hat. Niemand hat uns mehr bleibende Szenen voll Kraft und gleißender Farbe von der Provinz im Horizont der Hauptstadt gegeben. Doch vor Balzac schon hatte Marie-Henri Beyle unter dem Pseudonym »Stendhal« mit seinem 1830, dem Jahr der zweiten bürgerlichen Revolution, veröffentlichen Roman »Le Rouge et le Noir: chronique du XIXe siècle« dasselbe Motiv zu einer mythographisch vollkommenen Form verarbeitet. »Die kleine Stadt Verrières«, wie sie uns die ersten Worte des Textes vorstellen, in der Franche-Comté nahe den französischen Alpen, ist das erfundene (und zugleich von Stendhals Kindheitserinnerungen inspirierte) Äquivalent zu Balzacs Version von der wirklichen Kleinstadt Angoulème im ersten Buch der »Illusions perdues«. Während bei Balzac jedoch ein allwissender Erzähler Angoulèmes Landschaft, Gebäude und Gesichter ausdeutet, führt ein »Besucher aus Paris« Stendhals Leser durch die Straßen von Verrières, wo er Monsieur de Rênal, dem Bürgermeister, begegnet. Ein Bündel herablassender Vorurteile der Hauptstadt kommt schon im ersten Blick des Besuchers auf die Provinz zum Vorschein:

»Aber schon bald wird der Reisende aus Paris abgestoßen von einem gewissen Zug der Selbstzufriedenheit und Anmaßung, vermischt mit etwas Engstirnigem und Phantasielosem. Man spürt zu guter Letzt, daß die Fähigkeiten dieses Mannes darauf beschränkt sind, sich pünktlich bezahlen zu lassen, was man ihm schuldig ist, und selbst so spät wie möglich zu bezahlen, wenn er etwas schuldet.

Das ist der Bürgermeister von Verrières, Monsieur de Rênal. Nachdem er mit gemessenem Schritt die Straße überquert hat, betritt er das Rathaus und entschwindet dem Blick des Reisenden.«

Rasch kristallisiert sich diese Perspektive zu einer kompakten Formel gesellschaftlicher Verurteilung:

»Jetzt ist das große Wort ausgesprochen, das in Verrières über alles entscheidet: EINEN ERTRAG ABWERFEN. Und es enthält ganz für sich allein das Denken von mehr als drei Viertel der Einwohner.

Einen Ertrag abwerfen ist das Argument, das in dieser kleinen Stadt, die uns so hübsch erschien, über alles entscheidet.«

Unter dieser Voraussetzung sieht der Besucher die Familie des Bürgermeisters, wie sie »an einem schönen Herbsttag« ihren Spaziergang durch die Straßen von Verrières absolviert. Madame de Rênal verfolgt mit liebender Unruhe die Schritte ihrer drei Söhne, die sich als Kinder noch nicht in die Choreographie der öffentlich zur Schau getragenen Würde fügen. Und auch für ihre Mutter hat der Besucher ein Stereotyp zur Verfügung: »Mme de Rênal paraissait une femme de trente ans, mais encore assez jolie«.

So kann sich die Erzählung nach der Logik der beiden Provinz-Leidenschaften entfalten – nach der als Rechtschaffenheit verkleideten Habgier in ihrer Überschneidung mit der unerfüllten Liebessehnsucht einer an Konventionen gebundenen »noch schönen Frau im Alter von dreißig Jahren«. Dies geschieht mit einer erzählerischen Konsequenz, die es Stendhal erlaubt, dem Leser alle weiteren Detailbeobachtungen seines »Besuchers aus Paris« über die Provinz zu ersparen.

Standesgemäß will Monsieur de Rênal einen Hauslehrer zur Erziehung seiner Söhne nach den Restaurationsgrundsätzen des christlichen Glaubens einstellen. Die Wahl fällt auf den intelligenten und vom lokalen Klerus wärmstens empfohlenen Julien Sorel, der den Weg zum Amt des Priesters nicht aus Berufung aufgenommen hat, sondern als einzige Möglichkeit, die Enge seiner Herkunft zu verlassen. Mit Gesten scheinbar Frömmigkeitsmotivierter Distanznahme versteht er es, die freundliche Zuneigung von Madame de Rênal zu einer erotischen Faszination zu steigern, deren Einlösung der Erzähler mit kalter Klarheit als eine Stufe im sozialen Aufstieg seines Protagonisten identifiziert:

»Ein paar Stunden später, als er Madame de Rênals Zimmer verließ, gab es für Julien, wie man im Stil von Romanen sagen könnte, nichts mehr zu wünschen. Er verdankte der Liebe, die er geweckt hatte, und dem überraschenden Eindruck, den verführerische Reize auf ihn gemacht hatten, einen

Sieg, zu dem all seine dumme Schlauheit ihn nie geführt hätte.«

Ein eifersüchtiges Kammermädchen gibt das Liebesgeheimnis ihrer Herrin der Stadt und dem kaum eifersüchtigen Gatten preis, der zur Bewahrung seines Ansehens gerne dem Vorschlag zustimmt, Julien an das Priesterseminar im benachbarten Besançon versetzen zu lassen. Dort entdeckt ihn bald der Marquis de la Mole aus dem Hochadel von Paris und macht ihn zu seinem Privatsekretär.

Auf die vielversprechenden Blicke der Erbin Mathilde de la Mole reagiert Julien mit der bewährten Strategie von Distanz und bringt sich so gegen alle denkbaren Widerstände in die Rolle ihres Liebhabers und zukünftigen Gatten. Doch der scheinbar unaufhaltsame Erfolgsweg gelangt unmittelbar vor dem höchsten denkbaren Ziel an sein Ende, als der Marquis die kirchlichen Autoritäten in Verrières um ein Urteil über den von seiner Tochter erwählten Mann bittet, den er schon vorher in den Adelsstand erhoben hat. So bekommt Madame de Rênals Beichtvater die Gelegenheit, sie zu einem schriftlichen Geständnis zu zwingen, das Juliens adlige Zukunft zerstört – und ihn alle Vorsicht verlieren lässt. Überstürzt reist er nach Verrières und gibt in der Messe Schüsse auf seine ehemalige Geliebte ab, die den Akt der Rache jedoch überlebt. Julien wird ohne Widerstand verhaftet und sieht dem Todesurteil entgegen; Mathilde tut das Mögliche, um mit dem Einfluss und vor allem dem Geld ihrer Familie die zuständigen Juristen zu bestechen; Madame de Rênal aber verweigert jede Aussage vor Gericht und bittet statt dessen um Juliens Begnadigung.

Dieser Konstellation seiner zentralen Protagonisten gewinnt Stendhal zwei emblematische Vorstellungen der Liebesleidenschaft ab, die er nicht wie Balzac als »wahre Liebe« und »Illusion von der Liebe«, sondern nach ihrer affektiven Tonlage unterscheidet. Im Kerker entdeckt Julien zunächst, dass er Mathilde bei ihren täglichen Besuchen nicht enttäuschen möchte, zumal er »dieses arme Mädchen« aus dem Adel in eine vielfach prekäre Situation gebracht hat. Vor allem aber wird ihm – befreit von allen ehrgeizigen Hoffnungen auf die Zukunft – bewusst, dass sein Herz schon immer Madame de Rênal gehört hat:

»Julien wollte sich bis zum Ende unbedingt als Ehrenmann verhalten gegen dieses arme Mädchen, das er so entsetzlich kompromittiert hatte; doch immer wieder gewann die unbändige Liebe zu Madame de Rênal die Oberhand. Wenn es ihm, mit schlechten Argumenten, nicht gelang, Mathilde von der Unschuld der Besuche ihrer Rivalin zu überzeugen: Jetzt ist das Ende des Dramas wohl schon sehr nahe, sagte er sich; das mag als Entschuldigung gelten, wenn ich mich nicht besser verstellen kann.«

Juliens letzte Begegnungen mit der Liebe seines Lebens sind so sorglos und heiter, wie sie, schreibt Stendhal, nur »extreme Leidenschaft« schenken kann, und eröffnen zugleich gelassene Einsicht gegenüber den Fehlern und Versäumnissen der Vergangenheit:

»Julien dagegen lebte, außer in den Augenblicken, die Mathilde ihm raubte, von Liebe und fast ohne an die Zukunft zu denken. Leidenschaft hat eine seltsame Wirkung, wenn die maßlos und frei von jeder Verstellung ist, und so teilte Madame de Rênal fast seine Sorglosigkeit und sanfte Heiterkeit.

›Früher‹, sagte Julien zu ihr, ›als ich so glücklich hätte sein können, während unserer Spaziergänge durch die Wälder von Vergy, lockte wilder Ehrgeiz meine Seele in Phantasiewelten. Anstatt diesen bezaubernden Arm, der meinen Lippen so nah war, ans Herz zu drücken, ließ ich mich durch die Zukunft von dir ablenken; ich war ganz bei den zahllosen Kämpfen, die ich zu bestehen hätte, um mir ein gewaltiges Vermögen aufzubauen ... Nein, ich wäre gestorben, ohne das Glück zu kennen, wären Sie nicht zu mir in dieses Gefängnis gekommen.‹«

Da sich Julien alle Initiativen zur Errettung von der Todesstrafe ebenso freundlich wie entschlossen verbeten hat, endet sein Leben auf dem Schafott. Einen Freund lässt er wissen, dass er von einer Grotte über der Stadt Verrières als Ort der letzten Ruhe träumt (»puisque reposer est le mot«), während es Mathilde zukommt, diesen Wunsch als Zeichen ihrer eigenen Form von Liebe zu erfüllen. Sie lässt in der Grotte eine Totenmesse lesen, wohnt ihr mit dem Haupt des Mannes, den sie so geliebt hat, auf ihren Knien bei und begräbt Juliens Kopf mit ihren Händen. Die Grabstätte wird mit teuren Marmorskulpturen aus Italien geschmückt. Doch nicht allein Juliens Grabstätte wird dank Mathildes Liebe zu einem Monument. Mit einem Kuss auf die Stirn von Julien verkörpert sie die Renaissance-Erzählung von der »Königin Margot«, die in derselben Weise von Mathildes Ahnherrn Joseph Boniface de la Mole Abschied genommen hatte. Drei Tage später stirbt Madame de Rênal, »ihre Kinder im Arm«.

Zwischen den kontrastierenden Bildern von Provinzliebe und Hauptstadtliebe gelangt das Ende von Stendhals »Le Rouge et le Noir« zu quasi-mythologischer Prägnanz. Denn auf der einen Seite hat die Leidenschaft von Mathilde de la Mole aus Paris – anders als die Episoden der Hauptstadtliebe bei Balzac – eine unbeirrbare Entschlossenheit und Würde. Auf der anderen Seite werden die provinzielle Enge und die Verwirrung der Liebe zwischen Madame de Rênal und Julien von den letzten Tagen ihrer Beziehung aufgehoben und in Erfüllung umgekehrt. So beschreibt Stendhals Roman die beiden Geliebten von Julien nicht als Opfer einer männlichen Welt der Männer, sondern als Gestalten, in denen entgegengesetzte Töne der Leidenschaft – und der Einsicht – zur Wirklichkeit werden.

Das Paris von Matilde de la Mole und ihrer Familie, mit dem Stendhal in »Le Rouge et le Noir« der Kleinstadt Verrières einen monumentalen Kontrasthintergrund und mithin ihre besonderen Konturen gibt, hat mit den schrillen Bildern derselben Hauptstadt in Baudelaires »Tableaux Parisiens« wenig zu tun. Wir können den Unterschied ohne weiteres in ein Verhältnis setzen zur historischen Entwicklung von Paris zwischen dem Ende der Restaurationsepoche, als Stendhals Roman erschien, und dem frühen Dritten Kaiserreich, aus dem die »Fleurs du mal« stammen. Doch daneben handelt es sich auch um zwei ganz verschieden gefärbte Varianten der literarischen Vorstellung von der Metropole, aus denen sich entsprechend verschiedene Bilder und Begriffe der Provinz ergeben. Ausgehend von Balzac und Stendhal – und noch vor Gustave Flauberts Romanen – möchte ich deshalb noch einmal auf Baudelaire zu sprechen kommen, genauer auf den Essay »Le Peintre de la Vie Moderne« von 1863, weil er dort seine »Tableaux« aus der Perspektive ihres Entstehens, das heißt aus einer spezifischen Modalität im literarischen Erleben von Paris beleuchtet hat.

Entscheidend für das Verständnis des Stellenwerts von Baudelaires literarischen Bildern mag seine Bemerkung sein, dass sich Künstler vor allem auf den »Pomp des Lebens« in den Hauptstädten konzentrieren: »Um ein weiteres Mal die Art der vom Künstler bevorzugten Gegenstände zu bezeichnen, wollen wir sagen, daß es *der Prunk des Lebens* ist, so wie es sich in den Hauptstädten der zivilisierten Welt darbietet, der Prunk des militärischen Lebens, des eleganten Lebens.«

Solche Opulenz des Erlebens – der oft, aber nicht notwendig eine Opulenz ihrer Gegenstände entspricht – verkörpert für Baudelaire der Dandy, ein reicher Müßiggänger, der sich selbst als »allein zur Eleganz berufen« auffasst. Die Erfüllung seiner Rolle erreicht er in einer »absoluten Einfachheit« der Selbstpräsentation, zumal der Kleidung, und in einem Verhalten, dessen »Originalität« aus Bewegungen an »der Grenze der Konventionen« entstehen soll. Vor allem aber will der Dandy mit seiner betont einfachen Exzentrizität »kühl«, das heißt: unter keinen Umständen »gefühlsbewegt« sein:

»Das Schönheitsmerkmal des Dandy besteht vor allem in dem kalten Äußeren, welches von dem unerschütterlichen Entschluß kommt, sich nicht rühren zu lassen; man könnte ihn für ein verborgenes, erahnbares Feuer halten, welches erstrahlen könnte, aber nicht will.«

Für das weibliche Äquivalent des Dandy hat Baudelaire zwar keinen Namen, aber durchaus Vorstellungen und Begriffe. Die besondere »Künstlichkeit«, welche eine solche Frau ausmachen soll, illustriert er ausführlich im Blick auf das Material und die Praxis des Schminkens, die keinesfalls an einem Schein von Natürlichkeit als »vulgärer« Zielvorstellung ausgerichtet sein dürfen:

»... das Anmalen des Gesichts (darf) nicht zu dem gemeinen, nicht anzuerkennenden Ziel gebraucht werden, die schöne Natur nachzuahmen und mit der Jugend zu wetteifern. Man hat übrigens bemerkt, daß der Kunstgriff die Häßlichkeit nicht verschönt und nur der Schönheit dienen kann. Wer wagte es, der Kunst das sterile Amt der Naturnachahmung zuzuweisen? Die Schminke muß sich nicht verstecken, muß nicht ihrer Entdeckung ausweichen; sie kann sich im Gegenteil zur Schau stellen, wenn nicht mit Affektiertheit, so doch mit einer Art von Offenherzigkeit.«

Unter Baudelaires Rollentypen des Großstadterlebens hat vor allem der Flaneur eine bemerkenswert lange Karriere bis hin zur pseudo-intellektuellen Kultur unserer Gegenwart durchlaufen. Statt sich vom Dandy zu unterscheiden oder von den Frauen mit ihrem Hang zur Künstlichkeit, macht der Flâneur als Figur »der Menge« eine eigene – für Baudelaire die vielleicht am deutlichsten zeitgenössische – Dimension aus, die sich durch andere Rollen zieht. Nicht als Antipode des Individuums wird man zum Flaneur, sondern in einer Sehnsucht nach dem Nicht-Individuellen: »Es ist ein nach dem *Nicht*-Ich unersättliches *Ich*, das jenes in jedem Augenblick wiedergibt und ausdrückt, in Bildern lebendiger als das stets unbeständige und flüchtige Leben selbst.« Anders gesagt: Der Flaneur braucht die Menge als sein Medium und seine Umwelt, ohne mit ihr identisch zu sein:

»Die Menge ist sein Bereich, wie es die Luft für den Vogel ist, wie das Wasser für den Fisch. Seine Passion und seine Profession ist, *sich mit der Menge zu vermählen*. Für den vollkommenen Umherstreicher, für den leidenschaftlichen Beobachter, ist es ein unendlicher Genuß, seinen Wohnsitz in der Anzahl, im Gewoge, in der Bewegung, im Flüchtigen und Unendlichen aufzuschlagen. Außerhalb seines Zuhauses zu sein und sich dennoch überall zu Hause zu fühlen; die Welt zu sehen, inmitten der Welt und der Welt verborgen zu sein, dies sind einige der geringeren Vergnügen dieser unabhängigen, leidenschaftlichen, unparteiischen Geister ...«

Den neuen Bildern des Lebens, die der Flaneur in der Menge und aus der Menge hervorbringt, soll auch eine eigene Zeitlichkeit zukommen. Baudelaire hat sie in »À une Passante«, einem der berühmtesten Gedichte in den »Tableaux Parisiens«, als Zeitlichkeit der Epiphanie, das heißt als Zeitlichkeit des Ereignisses einer substantiellen Erscheinung vergegenwärtigt. Aus der Masse hebt sich für den Flaneur (also für das »Ich« des Gedichts) Monumenten-gleich und mit majestätischem Schmerz die Gestalt einer Frau ab, in deren Auge er »den Wirbelsturm trinkt«, aber auch eine Süße, die ihn anzieht, und eine Freude, die ihn tötet:

Geheul der Straße dröhnte rings im Raum.
Hoch schlank tiefschwarz, in ungemeinem Leide
Schritt eine Frau vorbei, die Hand am Kleide
Hob majestätisch den gerafften Saum;

Gemessen und belebt, ihr Knie gegossen.
Und ich verfiel in Krampf und Siechtum an

Dies Aug' den fahlen Himmel vorm Orkan
Und habe Lust zum Tode dran genossen.

Doch so plötzlich, wie sie erschienen ist, verschwindet die majestätische Gestalt – und sie verschwindet für immer. Ihre Gegenwart war erhabene Gegenwart ohne Dauer – wie ein Blitz, auf den die Nacht folgt. Keine Begegnung erlaubt diese Gegenwart, sondern den Gedanken an eine Liebe nur im Modus des Irrealen, der sie die Zeit verweigert (»toi que j'eusse aimé«):

Ein Blitz, dann Nacht! Die Flüchtige, nicht leiht
Sie sich dem Werdenden an ihrem Schimmer.
Seh ich dich nur noch in der Ewigkeit?

Weit fort von hier! zu spät! vielleicht auch nimmer?
Verborgen dir mein Weg und mir wohin du mußt
O du die mir bestimmt, o du die es gewußt!

Baudelaires Hauptstadt der eleganten Einfachheit und der Gefühlskälte, der Künstlichkeit, der Masse und der exzentrischen Individualität, Baudelaires Hauptstadt der Plötzlichkeit, der Epiphanie und des Irrealen projiziert als ihr Anderes eine Provinz der Fülle und Wärme, der Authentizität, Zuwendung und Freundschaft, der Dauer und Gewissheit, eine Provinz, zu deren Enge auch der Geiz und die Liebe als Leidenschaften gehören. So entstanden im Kraftfeld der Literatur Varianten unserer wechselseitig abhängigen Bilder von der Hauptstadt und von der Provinz, die längst zu Stereotypen geworden sind. Bald nach der Jahrhundertmitte aber sollte Paris auf Distanz zu diesen Szenen der Provinz rücken.

Der majestätischen »Passante« in Baudelaires Gedicht und den monumentalen Gesten von Mathilde de la Mole in der Schlussszene von »Rot und Schwarz« waren die Würde der Entsagung von Eugénie Grandet und die am Ende des Lebens zur Erfüllung gelangende Liebe von Madame de Rênal gegenübergestanden. Ohne die Bewegung der Imagination zwischen Provinz und Metropole hätte dieser Horizont von Bildern kaum entstehen können, der sich nicht in Dichotomien, sondern eben in vielfältigen Varianten der Rollen und Begriffe auf beiden Seiten artikulierte. Charles Grandet etwa, Eugénies Vetter, erinnert in einigen Aspekten an Lucien de Rubempré aus den »Verlorenen Illusionen«, und Lucien wiederum hat eine entfernte Ähnlichkeit mit Julien Sorel aus Stendhals »Rot und Schwarz«. Gustave Flaubert, dessen berühmtester Roman »Madame Bovary – Moeurs de Province« 1857, im Jahr der »Fleurs du Mal«, erschien, führte all jene Differenzen und Nuancen noch einmal vor, um sie dann in wachsender Divergenz konsequent einzuebnen. Dieser Leseeindruck ist an die strukturelle Voraussetzung gebunden, dass die Perspektiven auf die Welt und vor allem die Deutungen der Welt bei Flaubert nicht mehr, wie es vor allem in Honoré de Balzacs Romanen der Fall gewesen war, einem textimmanenten Erzähler gehören und so einen Eindruck von Objektivität erwecken, sondern ausschließlich an die Sicht der je verschiedenen Protagonisten gebunden sind. In »Madame Bovary« etwa entsteht der Gegensatz von Provinz und Hauptstadt aus den Tagträumen der Titelheldin, in »Éducation Sentimentale« aus den Bewegungen von Frédéric Moreau zwischen seiner Heimatstadt Nogent und Paris, in »Bouvard und Pécuchet« schließlich aus den Gesprächen dieser beiden Freunde aus Paris, die in der Normandie eine lächerlich monomane Version existentieller Erfüllung suchen. Anders als bei Balzac und Stendhal verschwinden deshalb bei Flaubert mit dem Tod der Protagonisten – und ohnehin mit dem Ende jedes einzelnen Romans – deren Welten aus unserer Vorstellung. Von Frédéric Moreaus Paris bleiben so wenig Konturen übrig wie von der Normandie, die Bouvard und Pécuchet bewohnten.

Dass überkommene Gegensätze fluide werden und sich aufzulösen beginnen, wird schon auf den ersten Seiten des »Bovary«-Romans deutlich. Seine Mutter hat den jungen Landarzt Charles Bovary mit einer in die Jahre gekommenen, aber reichen Witwe namens Héloise Dubuc verheiratet. Als Héloise bemerkt, wie ihr Mann die Besuche im Haus eines Patienten fortsetzt, der geheilt ist, jedoch seine Rechnung noch nicht beglichen hat, schöpft sie den berechtigten Verdacht, dass Emma, die an einer Klosterschule erzogene Tochter des Père Rouault, Charles als ein »Fräulein aus der Stadt« fasziniert:

»Na freilich, weil es da ›eine Person‹ gäbe, die fein zu schwatzen verstünde, ein Weibsbild, das sticken könne und weiter nichts, ein Blaustrumpf! In die sei er verschossen! Ein Stadtdämchen.«

Natürlich untersagt sie dem Gatten alle weiteren Kontakte mit der vermeintlichen »demoiselle de ville«. Doch nachdem Héloise ihn wenig später als wohlhabenden Witwer zurückgelassen hat, tauchen die junge Frau und was Charles Bovary für ihre »städtische« Bildung hält, wieder in seinen Gedanken auf. »Selon la mode de la campagne« (21) bietet ihm Emma beim nächsten Besuch zunächst ein Glas Likör an, das er nicht annimmt. Doch über Erinnerungen an die Provinzstädte ihrer Erziehung, welche sie beide als ihre große Welt ansehen, kommen Emma und Charles endlich in ein Gespräch: »elle se mit à causer du couvent, Charles de son collège, les phrases leur vinrent« (21). Mit ihrer Heirat nimmt ein Liebesverhängnis seinen Lauf, dessen Struktur die Gattung des Romans bis heute geprägt hat. Emmas bald einsetzende Ehefrustrationen entstehen einerseits aus ihren Träumen von Paris, dem Paris der Zeit Baudelaires, das sie nie erlebt hat:

»Sie kaufte sich einen Plan von Paris und machte mit dem Fingernagel lange Wanderungen durch die Weltstadt. Sie lief auf den Boulevards hin, blieb an jeder Straßenecke stehen, an jedem Hause, das im Stadtplan eingezeichnet war. Wenn ihr die Augen schließlich müde wurden, schloß sie die Lider, und dann sah sie im Dunkeln, wie die Flammen der Laternen im Winde flackerten und wie die Kutschen vor dem Portal der Großen Oper donnernd vorfuhren.«

Wenn Emma andererseits von der Liebe träumt, vor allem – in der berühmtesten Szene des Buchs – von einer Hochzeitsreise, wie sie die Vorstellungskraft ihres Manns überschreitet, dann tritt an die Stelle des Bilds von der Hauptstadt eine südliche Idylle, deren süße Farben ganz und gar aus ihren Lieblingsromanen kopiert sind. Emma lebt in einer imaginären Welt ganz ohne Kälte und Gefahren:

»Sie machte sich zuweilen Gedanken, ob das wirklich die schönsten Tage ihres Lebens sein sollten: ihre Flitterwochen, wie man zu sagen pflegte. Um ihre Wonnen zu spüren, hätten sie wohl in jene Länder mit klangvollen Namen reisen müssen, wo der Morgen nach der Hochzeit in süßem Nichtstun verrinnt. Man fährt gemächlich in einer Postkutsche mit blauseidenen Vorhängen die Gebirgsstraßen hinauf und lauscht dem Lied des Postillions, das in den Bergen zusammen mit den Herdenglocken und dem dumpfen Rauschen des Gießbachs sein Echo findet. Wenn die Sonne sinkt, atmet man am Golf den Duft von Limonen, und dann nachts steht man auf der Terrasse einer Villa am Meere, einsam zu zweit, mit verschlungenen Händen, schaut zu den

Gestirnen empor und baut Luftschlösser. Es kam ihr vor, als seien nur gewisse Erdenwinkel Heimstätten des Glücks, genauso wie bestimmte Pflanzen nur an sonnigen Orten gedeihen und nirgends anders.«

Die Stimmung von Emmas Tagträumen kann uns an die Selbstzufriedenheit der imaginären Bewohner von Spitzwegs Provinzstädten erinnern. Doch weil die französische Kultur diesen Aspekt von banalem Genuss nicht mit ihrem – viel nüchterneren – Bild der eigenen Provinzen assoziiert, wird er auf – für das neunzehnte Jahrhundert – »exotische« Länder wie etwa das südliche Italien verschoben. Die eigene Provinz dagegen erscheint nach 1857 nur noch als Enge, als ein Ort, wo Träume nicht mehr in Leidenschaft aufgehen können, auch weil ihr der entgrenzende Horizont der Hauptstadt verloren gegangen ist.

Genau unter dieser Prämisse, an der als einem gemeinsamen Stereotyp von angeblicher Enttäuschung sie festhalten, vollzieht sich das erste Gespräch zwischen Emma und Rodolphe, ihrem wohlhabenden und für jede Stimmung wirklicher Leidenschaft unmusikalischen Liebhaber: »Dann sprachen sie von dem Leben in der Provinz, wo die Eigenart des einzelnen erstickt und das Leben keinen Schwung hat.« Kein Mann ist mittelmäßiger als Rodolphe – und als Léon, Emmas etwas jüngerer zweiter Liebhaber, mit dem sie sich regelmäßig in der Provinzstadt Rouen trifft. Und weil weder Rodolphe noch Léon über die eigenen erotischen

Interessen hinaus daran gelegen ist, Emma auch nur zu einer Illusion von Leidenschaft zu verhelfen, wird aus ihren brutal gescheiterten Träumen die Sucht, bei immer häufigeren Besuchen in Rouen alle möglichen Luxusartikel zu kaufen. Diese Sucht treibt Emma in den Selbstmord, als sich der sie geschickt manipulierende Geschäftsmann Lheuereux nicht mehr mit Schuldscheinen begnügt, sondern auf Bargeld besteht. Da ihre Liebhaber ablehnen, Emma finanziell auszuhelfen, vergiftet sie sich mit Arsen, das ihren Körper noch vor dem Tod zu einem Schreckensbild entstellt:

»Ihre Brust begann alsbald heftig zu keuchen. Die Zunge trat weit aus dem Munde. Die Augen begannen zu rollen und ihr Licht zu verlieren wie zwei Lampenglocken, hinter denen die Flammen verlöschen. Man hätte glauben können, sie sei schon tot, wenn ihre Atmungsorgane nicht so fürchterlich heftig gearbeitet hätten. Es war, als schüttelte sie ein wilder innerer Sturm, als ringe das Leben gewaltig mit dem Tode.«

Die literarische Wärme der Provinz hat sich in eine mechanische Kraft physischer Zerstörung verkehrt. Nichts ist übrig von der Würde enttäuschter Leidenschaft in einer Welt, deren Enge tödlich geworden ist, weil sie die Horizonte eines anderen Lebens aus dem Blick verloren hat.

Unter entgegengesetzten Vorzeichen zersetzt Flauberts zwölf Jahre später erschienene »Éducation Sentimentale« das Bild von Paris – und könnte doch in ihrer Ironie-durchdrungenen Verachtung für die Bewohner der Hauptstadt nicht konsequenter ausfallen. Wie Balzacs »Illusions perdues« und die »Splendeurs et Misères des Courtisanes« verfolgt der Roman die Wege des jungen Frédéric Moreau zwischen Nogent-sur-Seine, seiner provinziellen Heimat, und der Hauptstadt des Dritten Kaiserreichs um 1850, ohne sein Leben mit der Konsistenz eines Schicksals zu verdichten. In Paris macht Frédéric Madame Arnoux, einer schönen, von ihrem Mann betrogenen und endlos tugendhaften Frau, den Hof und hat zugleich eine erotische Beziehung zu Rosanette, einer von Monsieur Arnoux' zahlreichen Geliebten, während er in Nogent um die Hand von Louise, der Tochter seines Nachbarn, anhält. Die Episoden dieses Lebens folgen einander in der Flachheit immer neuer Zufälle. So stehen sich Madame Arnoux und Frédéric schließlich gealtert in einer letzten Szene gegenüber, holen wie zwei Schauspieler das Geständnis ihrer Liebe nach, die – nie zum Ereignis geworden – längst abgelegt ist, und schwärmen frei von Erinnerungen davon, was Leidenschaft hätte sein können:

»›Gleichwohl, wir haben uns sehr geliebt.‹

›Doch ohne uns anzugehören!‹

›Es ist vielleicht besser so‹, sagte sie.

›Nein! nein! Wie glücklich wären wir gewesen!‹

›Oh! gewiß, bei einer Liebe wie der Ihren!‹

Und sie müsse sehr stark sein, um nach einer so langen Trennung noch zu bestehen!«

Grammatikalisch gesehen, mit ihren Verbformen und dem Satzbau, erinnern diese Sätze an die letzte Strophe in Baudelaires Gedicht von der »Passantin«, wo das, was hätte sein können, der Plötzlichkeit einer majestätischen Epiphanie gegenübersteht, um deren Form und Monumentalität zu steigern. Die Worte von Madame Arnoux und Frédéric hingegen verschwinden ohne Spuren. Sie werden zum konturenlosen Teil einer Zeit ohne die Impulse von Leidenschaft.

Damit vollzieht sich die literarische Zersetzung dessen, was einst in der Literatur die Leidenschaft der Hauptstadt gewesen war – oder in Flauberts Sicht die Leidenschaft der Hauptstadt hätte sein können. Der Abschied der Liebhaber im Irrealis oszilliert zwischen Peinlichkeit und Komik:

»›Adieu, mein Freund, mein lieber Freund! Ich werde Sie nie wiedersehen! Es war mein letzter Gang als Frau. Meine Seele wird Sie nie verlassen. Mögen alle Segnungen des Himmels auf Ihnen ruhen!‹

Und sie küßte ihn auf die Stirn, wie eine Mutter.

Aber sie schien etwas zu suchen und bat ihn um eine Schere.

Sie löste ihren Kamm; all ihr weißes Haar fiel herab.

Sie schnitt jäh an der Wurzel eine lange Strähne ab.

›Bewahren Sie sie auf! Adieu!‹

Als sie gegangen war, öffnete Frédéric sein Fenster. Auf dem Trottoir winkte Madame Arnoux einen vorüberfahrenden Fiaker herbei. Sie stieg ein. Der Wagen entschwand.

Und das war alles.«

Solche Banalisierung der Provinz und der Hauptstadt erreicht als Abtragen ihres Kontrasts einen Endzustand in »Bouvard et Pécuchet«, der satirischen Erzählung vom intellektuellen Ehrgeiz zweier Kopier-Angestellten, die Flaubert zu Lebzeiten nicht mehr abgeschlossen hat. Schon im gemeinsamen Beruf der Titelhelden, für den im Kapitalismus des späteren neunzehnten Jahrhunderts ein großer Bedarf bestand, liegt eine Parodie auf Originalität und geistige Energie. Zufällig lernen sie sich an einem heißen Sommertag in der Hauptstadt kennen, entdecken eine Affinität, die sich als über alle Krisen beständig erweisen wird, und träumen davon, Paris hinter sich zu lassen – und damit auch ihren Beruf, den sie als Erniedrigung erleben. Dann macht Bouvard eine unerwartete Erbschaft und beschließt, sie zum Kauf eines gemeinsamen Hauses in der Provinz zu nutzen.

Achtzehn Monate lang prüfen und diskutieren Bouvard und Pécuchet Immobilienangebote in allen Regionen Frankreichs, um sich schließlich für ein großes und besonders preiswertes Anwesen in der Normandie (Flauberts Heimat) zu entscheiden. Wie Zitate wirken ihre Freudenbekundungen beim ersten Abend im eigenen Heim, tautologisch auch wie jede Begeisterung, die man allzu lange erwartet hat: »ils s'appuyait sur le dossier de leur chaise, qui en craquait, et ils se répétaient: ›Nous y voilá donc! quel bonheur! il me semble que c'est un rève!‹« (23). So gut es geht und mit sicherem Gespür für die plattesten Gemeinplätze durchqueren die beiden Freunde nun jahrelang alle möglichen Wissensgebiete, ohne dass sie je die erhoffte Einladung von ihren Nachbarn bekommen, die angehäuften Kenntnisse weiterzugeben. Im Gegenteil, Flauberts Notizen zeigen, dass er für die letzten Kapitel an Szenen handgreiflichen Hasses der Provinzbewohner gegen die Eindringlinge aus Paris gedacht hatte. Steinwürfe treffen ihr Haus, während sich die Lokalautoritäten überlegen, wie sie die Verhaftung der selbsterklärten Gelehrten und ihre Verurteilung zu einer Gefängnisstrafe in Gang bringen können. Damit gelangen Bouvards und Pécuchets Träume von der beschaulichen Eroberung des Wissens in der Provinz ans Ende. Sie sehnen sich – zuerst heimlich und dann in der immer begeisterten Gemeinsamkeit – danach, wieder nach Paris und zu ihrem Beruf als Kopier-Angestellte zurückzukehren.

Der Wechsel von der Hauptstadt in die Provinz und zurück nach Paris hat der Mittelmäßigkeit von Bouvard und Pécuchet nichts anhaben können. Umgekehrt: in der unablässigen Projektion eines besseren Lebens auf die eine oder auf die andere Seite zeigt sich der Kern ihrer Stumpfheit. Diese Äquivalenz der beiden Welten markiert den absoluten Nullpunkt des literarischen Motivs von der Provinz und der Hauptstadt.

Derart unerbittlich löste Flaubert die Tagträume seiner Zeitgenossen auf. Doch auch in anderen »Provinzromanen«, wie sie nach 1850 als prominenter Gattungstyp hervortraten, vor allem in Provinzromanen aus Ländern mit einer etablierten Hauptstadt, verlöschte die Leidenschaft unter dem Himmel der kleinen Städte. Konfrontiert mit der Ausweglosigkeit von Peripherien ohne Alternative gehen – unter je spezifischen nationalen Bedingungen – immer wieder junge Frauen am Ersticken ihrer Träume zugrunde. Als eine markante Variante der Bovary-Handlung ist »La Regenta« von Leopoldo Alas (unter literarischem Namen »Clarín«), die 1884 erschienene Geschichte von Ana Ozores, in den spanischen Kanon eingegangen. Ana lebt in Vetusta, dem fiktionalen Äquivalent der asturischen Provinzhauptstadt Oviedo, ist in einer Josephs-Ehe an Victor de Quintanar, den ältlichen ehemaligen Justizvorstand (»El Regente«) der Stadt, gebunden und erliegt dem obsessiven Literaturschicksal jener Gegenwart in der Rivalität zwischen zwei Männern, die konkurrierende Stränge einer besonderen kulturellen Tradition veranschaulichen. Alvaro Mesía, dem kleinkarierten Provinz-Don-Juan, steht der zu kraftvoller Leidenschaftlichkeit berufene Fermín de Pas gegenüber, Anas Beichtvater, der als theologische Autorität des Bistums von Vetusta über lange Zeit aufrichtig bemüht ist, die Wogen seiner erotischen Faszination in spirituelle Intensität zu überführen. Über interne Kämpfe hinaus vollzieht sich das Leben der »guten Gesellschaft« von Vetusta in einem verzweifelten, weil immer schon verlorenen Wettbewerb mit den Institutionen und kulturellen Ereignissen von Madrid. Die Herren der Stadt verleben den Alltag entlang endloser Gespräche im heruntergekommenen Gebäude des »Casinos«, ihrem Ort gehobener Bildung, während als ekstatische Höhepunkte der Existenz Aufführungen von Opern und romantischen Dramen zelebriert werden, die damals in Spanien nicht selten auf die unmögliche Versöhnung von religiöser Orthodoxie und erotischer Freizügigkeit zusteuerten:

»Wenn ein in Madrid mit viel Beifall aufgenommenes Stück in Vetusta zum erstenmal aufgeführt wurde, diskutierte man in Ronzals Loge mit großem Stimmaufwand, und für gewöhnlich überwog das Urteil eines ungetrübten Lokalpatriotismus, was dort in den Fragen der Kunst die natürlichste Sache der Welt schien. Aus Vetusta war kein berühmter Dramatiker hervorgegangen, und deshalb blickte man scheel auf die von außerhalb. Daß Madrid sich überall aufdrängen wollte, duldete man in Ronzals Loge nicht. Einmal verstieg man sich so weit, zu erklären, daß man von dem Stück nichts halte, weil es in Madrid großen Beifall erhalten hatte: In Vetusta lasse man sich von niemandem etwas vorschreiben.«

In diesem Milieu und nach den Vorgaben seiner literarischen Vorgeschichte muss Ana Ozores dem ungelenken Verführungsgehabe von Álvaro Mesía –

als ihrem Rodolphe – erliegen, und mit einer Folgerichtigkeit, die den Handlungen von Flauberts Romanen entspricht, gibt Fermín de Paz seiner glühenden Eifersucht und dem Impuls der Rache nach, indem er den gehörnten Gatten in das offene Geheimnis einweiht und auf ein Duell mit dem Liebhaber seiner Frau verpflichtet. Von einer Kugel aus dessen Pistole getroffen und mit dem einzigen bemerkenswerten Kommentar seines Lebens (»!qué amarga era la ironîa de la suerte!«) stirbt der pensionierte Justizvorsteher von Vetusta, während Álvaro Mesía ins angeblich ungeliebte Madrid verschwindet. Die letzte Szene von Claríns großem Roman konfrontiert die junge Witwe und ihren ehemaligen Beichtvater in der Kathedrale. Nur mit körperlicher Gewalt gegen sich selbst (»clavándose las unas en el cuello«) unterdrückt Fermín de Pas den Impuls, »sich auf Ana zu stürzen«, und entkommt in die Sakristei. Ana schlägt ohnmächtig auf den Marmorboden der Kirche. In diesem Moment taucht Celedonio auf, ein »dürrer Ministrant« im Erwachsenenalter (»el acólito afeminado, alto y escuálido«), beugt sich über Anas Körper und presst seine Lippen auf ihre:

»Celedonio verspürte ein gemeines Verlangen, der höchsten Perversion seiner Lüsternheit entsprungen. Und um sich einen seltenen Genuß zu verschaffen oder um zu probieren, ob es einer war, neigte er das widerwärtige Gesicht über das der Präsidentin und küßte sie auf die Lippen.

Ana kehrte ins Leben zurück. Sie zerteilte die Nebel eines Deliriums, das ihr Übelkeit verursachte.

Sie hatte geglaubt, auf ihrem Mund den schleimigen, kalten Bauch einer Kröte zu spüren.«

Ohnmacht und Ekel sind in der spanischen Vorstellung von der Provinz an die Stelle zerstörender Gewalt getreten.

Zehn Jahre nach Claríns »Regenta« publizierte Theodor Fontane 1894 »Effi Briest«, den bis heute bekanntesten deutschen Bovary-Roman. Während die Handlungsstruktur Schritt für Schritt das von Flaubert erfundene Muster aufweist, unterscheidet sich der Stellenwert der preußischen Provinz grundlegend von der Normandie oder von Asturias. Schon die Texteröffnung mit einer Beschreibung von Effi Briests Geburtsort im »hellen Sonnenschein« gibt dem als Herrensitz inmitten des brandenburgischen Havellands erfundenen Hohen-Cremmen eine gelassene Anmut:

»In Front des schon seit Kurfürst Georg Wilhelm von der Familie von Briest bewohnten Herrenhauses zu Hohen-Cremmen fiel heller Sonnenschein auf die mittagsstille Dorfstraße, während nach der Park- und Gartenseite hin ein rechtwinklig angebauter Seitenflügel einen breiten Schatten erst auf einen weiß und grün quadrierten Fliesengang und dann über diesen hinaus auf ein großes, in seiner Mitte mit einer Sonnenuhr und an seinem Rande mit Canna indica und Rhabarberstauden besetztes Rondell warf.«

So wie die Familie Briest in langer Tradition die umgebende Natur zum hellen Raum ihres Lebens gemacht hat, dies ist der erste Leseeindruck, scheint in den Gesichtern und im Umgang der Bewohner die Heiterkeit jener Landschaft auf. Besonders soll das für Effi gelten, die siebzehnjährige einzige Tochter ihrer Eltern:

»In allem, was sie tat, paarte sich Übermut und Grazie, während ihre lachenden braunen Augen eine große, natürliche Klugheit und viel Lebenslust und Herzensgüte verrieten. Man nannte sie die ›Kleine‹, was sie sich gefallen lassen musste, weil die schöne, schlanke Mama noch um einen Handbreit höher war.«

Baron von Instetten, ein früherer Verehrer von Effis Mutter mit vielversprechender Position im gehobenen Staatsdienst, ist auf Besuch nach Hohen-Cremmen gekommen und hält zur allgemeinen Familienfreunde um Effis Hand an. Im Oktober wird Hochzeit gefeiert, und vor allem die angereisten Berliner Gäste sind von der havelländischen Provinz beeindruckt. Effis Freundinnen wecken »das Entzücken aller jungen Offiziere« aus der Hauptstadt, und »einer der alten Berliner Herren, der halb und halb zur Hofgesellschaft gehörte«, reagiert voll überraschter Anerkennung auf die Predigt des alten Pastors Niemeyer: »Es ist doch merkwürdig, wie reich gesät in einem Staate wie der unsrige [sic] die Talente sind. Ich sehe darin einen Triumph unserer Schulen, und vielleicht mehr noch unserer Philosophie.«

Bildungsstandesgemäß führt die Hochzeitsreise des Paars nach Italien, und Instetten versäumt keine Gelegenheit, sein Wissen von der Kultur mit der staunenden Effi zu teilen. Dann beginnt das Leben des Paares in Hinterpommern an der Ostsee, wo der frischverheiratete Gatte und erfahrene Beamte die Rolle des Landrats versieht (jenes einst preußisch-deutsche Hinterpommern gehört seit 1945 zu Polen). Effi setzt den eher ernüchterten Erfahrungen ihres Mannes mit der kleinen Provinzstadt Kessin zunächst heitere Zuversicht entgegen:

»›Ihr seid doch bis zu dreitausend Menschen, und unter dreitausend Menschen muß es doch [...] auch noch eine Elite geben, Honorationen oder dergleichen.‹ Instetten lachte: ›Ja, Honorationen, die gibt es. Aber bei Lichte besehen, ist es nicht viel damit.‹«

Vor allem das Licht fehlt in Kessin überall. Effi wird neun Monate nach ihrer Hochzeit Mutter, doch die neue Aufgabe hilft ihr nicht über die wachsende Einsamkeit und Langeweile des Alltags in dieser von ihrer Heimat so verschiedenen Provinz hinweg. Den unausbleiblichen Part des Liebhabers muss für die von Ehe und Leben enttäuschte junge Frau im preußischen Bovary-Roman selbstredend ein Offizier spielen. Doch die erotische Beziehung zu dem lebenslustigen Major von Crampas, der einst mit Instetten gedient hatte, belastet Effis Gewissen mehr, als sie ihre Sinnlichkeit erweckt. Deshalb glaubt sie durch Instettens Versetzung an ein

Berliner Ministerium von einem Albtraum erlöst zu sein, auch wenn ihre neue Existenz nur verhalten den Erwartungen an die Hauptstadt genügt:

»Instetten war ernsthaft gewillt, auf das stille Leben, das er in seiner landrätlichen Stellung geführt, ein gesellschaftlich angeregteres folgen zu lassen, um seinet- und noch mehr um Effis willen; es ließ sich aber anfangs nur schwach und vereinzelt damit an, die rechte Zeit war noch nicht gekommen, und das Beste, was man zunächst von dem neuen Leben hatte, war genauso wie während des zurückliegenden Halbjahres, ein Leben im Hause.«

Sechs Jahre später hat die Familie eine ruhige Form für ihr Leben gefunden, allein Effis Gesundheit lässt zu wünschen übrig. Bei einem ihrer Kuraufenthalte entdeckt Instetten Liebesbriefe von Crampas aus der Kessiner Zeit, die Effi aufgehoben hat. Obwohl er sie als Spur einer längst abgeschlossenen Episode aus der Vergangenheit aufzufassen vermag, kann Instetten sich nicht von verpflichtenden Standeskonventionen lösen, die, wie er voraussieht, auch sein eigenes Leben unglücklich machen müssen. Er fordert Crampas zum Duell und erschießt ihn; er lässt sich von Effi scheiden, die nicht mehr mit ihrer Tochter leben darf. Und selbst Effis Eltern haben ihr mitgeteilt, dass sie in Hohen-Cremmen nicht mehr willkommen ist.

Diesen Beschluss heben sie erst auf, als ihnen ein Arzt mitteilt, dass Effis Zustand sich nach einem Treffen mit der ihr nun ganz entfremdeten Tochter rapide verschlechtert. Als Frau von ungefähr dreißig Jahren stirbt sie so an ihrem Geburtsort, im resignierten Frieden mit einer Welt, die sie hart bestraft und ihre Existenz zerstört hat. Am Ende kehrt die Romanerzählung von »Effi Briest« zur Provinz-Szene ihres Anfangs zurück: nun steht Effis Grabstein anstelle der Sonnenuhr auf dem Rondell, das der erste Absatz des Buchs erwähnt hatte – und im Licht des frühen Herbstes:

»Der September ging auf die Neige. Das Wetter war schön, aber das Laub im Parke zeigte schon viel Rot und Gelb, und seit den Äquinoktien, die drei Sturmtage gebracht hatten, lagen die Blätter überall hin ausgestreut.

Auf dem Rondell hatte sich eine kleine Veränderung vollzogen, die Sonnenuhr war fort, und an der Stelle, wo sie gestanden hatte, lag seit gestern eine weiße Marmorplatte, darauf stand nichts als: ›Effi Briest‹ und darunter ein Kreuz. Das war Effis letzte Bitte gewesen: ›Ich möchte auf meinem Stein meinen alten Namen wieder haben; ich habe dem andern keine Ehre gemacht.‹ Und es war ihr versprochen worden.«

Fontane beschreibt diese helle Provinz als eine Welt, die nicht von der Hauptstadt besessen ist, ohne sie auszublenden oder mit ihr zu konkurrieren. In der anderen Provinz von Kessin hatte Effi zwar ihre Existenz aufs Spiel gesetzt, aber im Gegensatz zu »Madame Bovary« oder »La Regenta« war es nicht deren Enge, die ihr Leben zerstörte. Instettens

Unfähigkeit, die Regeln der Standesehre aufzuheben oder wenigstens zu relativieren, gehörte zu keinem spezifischen Ort, während die Möglichkeit einer doppelten Rückkehr, zu Effis Geburtsort und zu ihrem ursprünglichen Namen, allein in einer Provinz wie Hohen-Cremmen offenstand. Fontanes Roman bringt ein Potential der deutschen Kultur ohne Selbstgefälligkeit zur Erscheinung. Das Licht von Hohen-Cremmen passt nicht zu Spitzwegs Gemälden.

So kam im späten neunzehnten Jahrhundert eine lange Reihe von im Kraftfeld der Literatur entstandenen Vorstellungen der Provinz an ihr Ende, welche sie als Sphäre der Leidenschaften und der Zerstörung ausgemessen hatten, als Welt des Geizes und der Liebesfaszination, als Stimmung heimeliger Beschaulichkeit und heiter gelassener Distanz. Alle diese Bilder und Begriffe entstanden aus Bewegungen eines Changierens zwischen der Provinz und der großen Stadt, doch sie stehen sich nicht in zwei thematisch geschlossenen Horizonten gegenüber. Eher entsteht im Rückblick ein Eindruck fluider Imagination, der als Matrix bis heute Gedanken, Argumente oder Erzählungen von der Provinz inspiriert, ohne ganz in ihnen aufzugehen. Wenn jene Szenen aus der Literatur einerseits nicht zuverlässig Segmente sozialer Wirklichkeit in ihrem geschichtlichen Wandel abbildeten, so haben wir auf der anderen Seite doch gesehen, wie der nichtliterarische Unterschied zwischen Nationen mit oder ohne etablierte Hauptstädte einen Einfluss auf die Konturen der Provinzvorstellungen nahm. Jedenfalls ist in der europäischen Literatur zwischen 1830 und 1900 ein soziales Wissen von der Provinz entstanden, das immer noch auf unsere alltäglichen Erfahrungen und unser Verhalten wirkt. Fiktionen haben tatsächlich – direkt oder indirekt – zur Entstehung, zur Funktion und zur Veränderung bestimmter gesellschaftlicher Wirklichkeiten beigetragen. Darin liegt gewiss kein »Triumph der Literatur«, aber vielleicht ein Ansatz zum Verstehen unseres Verhältnisses zur Provinz.

Die deutsche Provinz strahlt ab: Marburg und Siegen

FÜR die produktive literarische Imagination war die Provinz gegen Ende des neunzehnten Jahrhunderts kein Raum der Leidenschaften mehr, wie ihn Stendhal oder Balzac heraufbeschworen hatten, kein Ort der intensiven Liebe, ja nicht einmal eine Zone der Habgier. In den Romanen des »Bovary«-Typs hatte ihre Enge alle erotischen Träume eingeschnürt und mit existentieller Zerstörung bestraft. Zugleich war die schon von Molière erfundene, aber erst nach 1800 zu einem Kleinstadt-Phänomen gewordene Rolle des auf Geldstücke fixierten Geizhalses in der hektischen Praxis des sich schnell ausbreitenden Kapitalismus nicht mehr plausibel. Die elegante Helle der Provinz jedoch, wie sie in Theodor Fontanes Erzählungen auftauchte, und selbst die penetrant sonnendurchflutete Idylle von Spitzwegs Gemälden gehörten weiter zu einer spezifisch deutschen Vorstellungswelt und halfen, den Alltag der »Gründerzeit« ästhetisch zu verklären.

Dagegen ist das am deutlichsten positive Potential der deutschen Provinz, die intellektuelle Entfaltung kleiner Städte, wie sie der Aufstieg von Weimar vorgegeben und illustriert hatte, kaum in die Literatur eingegangen. Wenn wir dieses Phänomen in seinen historischen Vorbedingungen und Konsequenzen vor allem für das akademische Leben verstehen wollen, dann sind wir also wieder auf nichtfiktionale Texte als Medium der Dokumentation und Analyse verwiesen. Dazu gibt das 1813 in London publizierte Buch »De l'Allemagne« von Anne-Louise Germaine de Staël erstaunlich differenzierte Einsichten und Reflexionsansätze vor, welche den Aufstieg der deutschen Universitäten als eine Geschichte der Provinz erschließen. Madame de Staël, wie sie die Literaturgeschichten nennen, war als Tochter von Jacques Necker aufgewachsen, dem einflussreichen Finanzdirektor und innovativen Denker der Wirtschaft in der späten Bourbonen-Monarchie. Mit ihrer umfassenden Bildung, einer außergewöhnlichen Intelligenz und dem Willen zu politischem Einfluss wurde sie zu einer der herausragenden Gestalten Frankreichs in den Jahrzehnten nach der Revolution von 1789. Derart unnachgiebig verfolgte ihre Kritik Napoleon Bonaparte und das System seiner Kontrolle über die Nation, dass bewundernde Zeitgenossen Madame de Staël als die »zusammen mit England und Russland größte Bedrohung des Kaisers« identifiziert hatten. Folgerichtig verwies Napoleons Polizei sie schon 1803, ein Jahr vor der Kaiserkrönung, des Landes und untersagte noch 1810 den Verkauf von zehntausend gedruckten Exemplaren ihres Buchs über Deutschland innerhalb der französischen Grenzen.

So konnte Madame de Staëls ebenso ausführliche wie sympathetische Beschreibung des Nachbarlands einerseits auf unmittelbare Erfahrungen während ihrer Exiljahre zurückgreifen und gewann andererseits seine besondere Energie aus der Absicht, die Interpretation der deutschen Kultur als implizite Kritik des napoleonischen Frankreich einzusetzen. Ende 1803 war sie am Hof von Herzog Karl August in Weimar angekommen, führte ausführliche Gespräche mit Goethe, Schiller und anderen Größen des geistigen Lebens, um bereits Anfang April nach Berlin weiterzureisen. Dem Glanz von Weimar jedoch und seinen besonderen Vorbedingungen widmete sie später ein ausführliches Kapitel des Deutschland-Buchs, das mit ihrer Erfahrung von der Langeweile des Lebens in kleinen Städten einsetzte:

»Der Aufenthalt in kleinen Städten ist mir immer sehr langweilig vorgekommen. Der Geist der Männer verengt sich dort, und das Herz der Frauen erstarrt. Man lebt dort so nahe beeinander, daß man sich durch seinesgleichen beengt und gefesselt fühlt. Dort findet sich nicht jene Beurteilung aus gewisser Entfernung, die uns anregt und aus der Ferne wie der Ruf des Ruhms herüberhallt, sondern vielmehr eine pedantische Untersuchung jeder unserer Handlungen, die unfähig macht, das Ganze unseres Charakters zu erfassen.«

Ihre erste Antwort auf die damit nahegelegte Frage, wie denn aus gesellschaftlicher Begrenzung herausragende Werke der Literatur und der Philosophie entstehen konnten, gewann Madame de Staël aus einer Unterscheidung, die auf den Ursprung Weimars als Zentrum kultureller Inkubation zutraf und darüber hinaus auch den Privilegien ihres Empfangs dort als Mitglied einer aristokratischen Elite entsprach:

»Dieser peinliche Zwang existierte aber in Weimar gar nicht. Weimar war nicht eine kleine Stadt, sondern ein großes Schloß. Ein ausgewählter Kreis unterhielt sich dort mit regem Interesse über jedes neue Erzeugnis der Kunst. Frauen, liebenswürdige Schülerinnen einiger hochbegabter Männer, beschäftigten sich unaufhörlich mit den Werken der Literatur wie mit politischen Ereignissen von höchster Wichtigkeit.«

Bei allem polemisch auf Napoleons Frankreich bezogenen Lob für Karl Augusts »liberalen Hof«, wie sie Weimar mehrfach nannte, und für die Aufmerksamkeit, welche Deutschland ihm zu schenken begann, war es Madame de Staël nicht entgangen, dass die Qualität der Wissenschaft an der Universität der in ihrem Blick typischen Kleinstadt Jena einer anderen und komplexeren Erklärung bedurfte. Im Kontext des Weimar-Kapitels bleibt es zunächst bei einem bloßen Verweis auf diese Konstellation:

»Im selben Fürstentum und neben der ersten literarischen Gesellschaft Deutschlands lag auch Jena, eines der Hauptzentren der Wissenschaft. Ein äußerst kleiner Raum schloß also staunenswerte geistige Reichtümer in sich.«

Dass gerade die Absenz einer Hauptstadt zur Bedingung für solche Möglichkeiten intellektueller Intensität in der Provinz werden konnte, gehörte zu den grundsätzlichen Prämissen – und Einsichten – von Madame de Staëls Deutschland-Bild. Das Ausbleiben kohärenter gesellschaftlicher Werte und Kriterien in einer Nation ohne Hauptstadt assoziierte sie mit einer besonderen Entfaltung von Individualität und einer Freiheit der Imagination. Besonders das Spiel der Imagination tauchte in ihren Texten immer wieder als Matrix eines deutschen Kulturstils mit seinen spezifischen Leistungen auf, den sie als »milde und friedliche Form von Anarchie« charakterisierte:

»Deutschland war ein aristokratischer Staatenbund, das Reich hatte keinen geistigen Mittelpunkt, kein Zentrum der öffentlichen Meinung; es bildete keine in sich zusammengeschlossene Nation: dem Bündel fehlte das haltende Band. Diese Zerrissenheit Deutschlands aber, die seiner politischen Kraft verderblich war, war allen möglichen Versuchen, die Genie und Einbildungskraft wagen mochten, äußerst förderlich. Es herrschte in bezug auf literarische und metaphysische Meinungen eine Art milde, friedliche Anarchie, die jedem gestattete, seine individuelle Anschauungsweise vollständig frei zu entwickeln.«

Da Madame de Staël Imagination und Genie aber einem geschliffenen *esprit* als Medium kompakter Soziabilität entgegensetzte, konnte die Absenz des *esprit* zugleich eine »Schwere« und warme Behaglichkeit erklären, die zu Deutschland gehörte und dort die Initiative zu praktischem Handeln lähmte:

»Die Öfen, das Bier und der Tabakrauch bilden in Deutschland um die Leute aus dem Volk eine schwere, heiße Atmosphäre, aus der sie nur ungern heraustreten. Diese Atmosphäre schadet der Regsamkeit ...«

Doch gerade auf diese Lähmung der Praxis verweist sie als Voraussetzung eines Universitätslebens, das sich – fern von den konkreten Verpflichtungen des Alltags – durch singuläre Höhenflüge der Spekulation und Theorie auszeichnete:

»In Deutschland geht der philosophische Geist weiter als sonstwo. Nichts hemmt ihn, und der Mangel eines eigentlich politischen Charakters, der für die Masse so verderblich ist, gewährt den Denkern um so mehr Freiheit.«

Neben dieser Freiheit der Imagination von gesellschaftlichen Begrenzungen – und von praktischen Interessen – bringt Madame de Staël noch zwei weitere Merkmale der deutschen Universitätsstädte zur Sprache, die ihr in »Göttingen, Halle, Jena etc.« aufgefallen waren. Zum ersten eine Studenten verschiedenster Herkunft einigende »Gleichheit«, die sie für die Zeit ihrer Ausbildung »beinahe zu einem Freicorps macht«. Und zum zweiten eine beständige »Konkurrenz« unter den Professoren, die mit der – im Gegensatz zu Frankreich – freien Auswahl ihrer Lehrgegenstände um das Interesse der Studenten werben durften:

»Auf jeder deutschen Universität machten mehrere Professoren in den einzelnen Lehrzweigen einander den Vorrang streitig, und, daran interessiert, eine größere Menge von Schülern heranzuziehen und einander zu übertreffen, hatten die Lehrer selbst beständig Anregung.«

Immer wieder aber kehrt Madame de Staëls Buch auf die Imagination als eine Energiequelle der deutschen Kultur zurück, die auch Momente des Enthusiasmus auslösen und mithin zu Erfüllung in individuellem Glück führen soll. Die Möglichkeit solcher Euphorie hat ihren Ort in einer durchaus realistischen Analyse der deutschen Universität, die uns nachvollziehen lässt, warum sie gerade in Provinzstädten – und stets episodisch – ihre bedeutendsten Leistungen erreichte. Denn im Gegensatz zu Oxford, Cambridge, Salamanca und Coimbra hatten Göttingen, Halle und Jena – oder Freiburg, Tübingen und Würzburg – nicht den Status einer permanenten Auslagerung der Hauptstadtfunktion »akademische Ausbildung« in die Provinz. Eher ergaben sich aus der internen Struktur der klassischen deutschen Universitätsstädte intellektuelle Potentiale, die durch je verschiedene Konfigurationen von Denkern und Forschern aktiviert werden und zu temporären Verdichtungen gelangen konnten, ohne in institutionelle Dauer überzugehen.

Zu einem solchen Fall der Verdichtung kam es während des frühen zwanzigsten Jahrhunderts in

Marburg, einer Universitätsstadt von damals fünfundzwanzigtausend Einwohnern, deren dörflich aussehende Fachwerkhäuser sich bis heute zwischen dem historischen Schlossberg und dem schmalen Fluss der Lahn drängen. Tatsächlich trug um 1930 kein anderer Ort mehr zum Selbstbild intellektueller Menschen bei als Marburg, oder präziser und nüchterner gesagt: In Marburg entstanden damals langfristig ausschlaggebende Begriffe und Metaphern für Diskussionen über Formen des Menschseins als individuelle und kollektive Existenz. Dieser Aufschwung zu höchster geistiger Produktivität setzte mit einer kleinen Gruppe von Philosophen ein, die aus verschiedenen Perspektiven auf die um 1900 allenthalben diagnostizierte geistige Krise einer wachsenden Distanz zwischen dem Erkenntnissubjekt und der Welt der Objekte reagierten. Als »Neukantianer« wollten die Marburger Professoren Herrmann Cohen und Paul Natorp dem Problem mit im Vergleich zu Immanuel Kant (oft nur um Nuancen) modifizierten Begriffen des Subjekts oder des Bewusstseins beikommen, während ihr Kollege Nicolai Hartmann seinen beeindruckten Hörern immer neue Entwürfe für Systeme der Wirklichkeit und für Ordnungen ihrer Objekte vorführte. So galt Marburg schon seit den Jahren des Weltkriegs als neue Hochburg des Denkens und zog bald eine Phalanx von Studenten aus ganz Europa, ja sogar aus Nordamerika an, deren Werke die Arbeiten ihrer akademischen Lehrer bei weitem überbieten sollten: T. S. Eliot, José Ortega y Gasset, Boris Pasternak und Ernst Cassirer, denen in der folgenden akademischen Generation Hannah Arendt, Hans Jonas, Karl Löwith, Leo Strauss und Hans-Georg Gadamer folgten.

Auch außerhalb der Philosophie hatte die Marburger Universität in jenen Jahren junge Geisteswissenschaftler berufen, die gerade deshalb zu eigenständigen intellektuellen Profilen finden konnten, weil ihre Vorgänger vor Ort nicht zum Kreis der nationalen oder gar internationalen Autoritäten gezählt hatten. Am Romanischen Seminar lehrten zwischen 1920 und 1930 Ernst Robert Curtius, Leo Spitzer und Erich Auerbach, deren Denken und Schriften die Literaturwissenschaft bleibend bereichert haben. Max Kommerell, zunächst ein exzentrisches Mitglied des Kreises um den sich zum Propheten stilisierenden Poeten Stefan George, studierte und unterrichtete später als Germanist in Marburg, ebenso wie der kaum exzentrische, aber um so einflussreichere Goethe-Forscher Hermann Pongs, wie der Gräzist Paul Friedländer, der die in Deutschland damals noch wichtige Rolle seines Fachs in der Öffentlichkeit neu konzipierte, und der thematisch weit ausgreifende Kunsthistoriker Richard Hamann.

Schon früher war in der Protestantischen Theologie von Marburg eine akademische Schule entstanden, die eine strikt historische Lektüre und Analyse der biblischen Texte als Vorstufe ihrer Auslegung propagierte. Ausgehend von diesem Impuls gelangte der junge Rudolf Bultmann ab 1921 sowohl zu dem heute etablierten Bild des Apostels Paul als geistigem Begründer des Christentums wie zu einer philosophischen Entfaltung der komplexen Frage, welche existentiellen Impulse das durch Historisierung doch gerade in existentielle Ferne gerückte Neue Testament an je neue Gegenwarten vermitteln konnte. Bultmanns Kolloquium mit dem 1923 in Marburg zum Außerordentlichen Professor ernannten Martin Heidegger sollte bald zur Achse für die intellektuelle Weltgeltung der Universität werden.

Als Heidegger im frühen Sommersemester 1926 die Arbeit am Manuskript von »Sein und Zeit« aufnahm, seinem einzigen als Buch geplanten und ausgeführten Text, der seit der Publikation im April 1927 selbst unter Skeptikern als epochemachende Herausforderung angesehen wird, entsprachen das Ansehen und Selbstbild des akademischen Marburg noch keinesfalls seinem für uns rückblickend so deutlich sichtbaren Rang. 2387 Studenten, davon 351 Frauen, waren an der Universität immatrikuliert. Diese Gesamtzahl lag – bei reichsweit dreiundzwanzig akademischen Hochschulen mit insgesamt etwa hunderttausend Studenten – im unteren nationalen Mittel, während der Anteil der Studentinnen den Durchschnitt von etwa zehn Prozent deutlich überbot. Andererseits gab es besonders viele in Korporationen, zumal in schlagenden Verbindungen organisierte Studenten. Zusammengenommen illustrieren diese Fakten, warum Marburg den Ruf einer »Sommer-Universität« hatte, was niemand als Äquivalent akademischer Wertschätzung missverstand. In der Tat gingen die Studentenzahlen während des Wintersemesters regelmäßig um zehn bis fünfzehn – bei den Frauen um noch mehr – Prozent zurück, weil junge Leute Marburg wählten, um von April bis Ende Juni in der freundlichen Provinz freizeitorientiert, wie man heute sagen würde, zu studieren.

Mit einer solchen Auffassung konvergierte der unter Professoren gängige Ruf der Hochschule als einer »Durchgangsuniversität«, den sie zum Beispiel mit Tübingen, Freiburg oder Würzburg teilte. Bonn und Heidelberg hingegen galten damals als wünschenswerte Zielpunkte und mithin als Endstationen für akademische Karrieren. Vor diesem historischen Erwartungshorizont musste das Marburger Sommersemester 1926 – nicht nur rückblickend wegen des Beginns der Arbeit an »Sein und Zeit« – als außergewöhnlich erfolgreich gelten. Denn der Anglist Deutschbein, Dekan der Philosophischen Fakultät, lehnte einen Ruf nach Bonn ab, während aus Tübingen der Psychiater Ernst Kretschmer nach Marburg kam, der damals schon mit seiner – ab 1933 spezielle nationale Resonanz findenden – Lehre vom Zusammenhang zwischen verschiedenen Körpertypen und Neigungen zu bestimmten »Gemütsleiden« Aufmerksamkeit gewonnen hatte. Wie lassen sich solche Momente des Fortschritts erklären, mit denen die Provinz-Universität

Marburg über ihre Tradition hinausgelangte, ohne allerdings vorerst ihren Selbstanspruch zu revidieren? Besonders effizient muss die Zusammenarbeit zwischen dem als Literaturwissenschaftler wohl kaum bemerkenswerten Dekan Max Deutschbein und Ernst von Hülsen, dem Universitäts-Kurator (heute würde man sagen »Kanzler«), gewesen sein, die sich immer wieder in ihren Intuitionen und Bemühungen trafen.

Niemand profitierte davon mehr als der unter Kollegen eher unbeliebte Heidegger, dessen Resonanz bei den Studenten Dekan Deutschbein und Kurator von Hülsen offenbar eher als Symptom eines besonderen intellektuellen Talents denn als Ergebnis einer pädagogischen Bemühung auffassten. Als Heidegger in jenem Sommer 1926 mit seiner Familie von der Marburger Schwanenallee, wo ihn der Lärm der Straßenbahn störte, in eine größere und ruhigere Wohnung am Barfüßertor umzog, unterstützte ihn von Hülsen – entgegen den schon damals auf Gleichbehandlung aller Professoren ausgerichteten Verordnungen – so großzügig, als sei er eben neu nach Marburg berufen worden. Noch wichtiger, ja entscheidend wurde während derselben Wochen für Heidegger ein Gespräch mit seinem Dekan. Deutschbein setzte ihn von der Möglichkeit in Kenntnis, nach dem Wechsel des Ordentlichen Professors Nikolai Hartmann an die Universität Köln dessen Lehrstuhl zu übernehmen, die freilich seitens des zuständigen Kultusministeriums – aufgrund von Heideggers damals nur wenige Titel umfassenden Veröffentlichungsverzeichnisses – an den Abschluss eines Buchmanuskripts gebunden sei. Eben diese Aussicht auf Verbesserung seines Status und vor allem seines Einkommens brachte die Niederschrift von »Sein und Zeit« auf den Weg, die Heidegger schon um Weihnachten 1926 abschloss – ohne allerdings vom Ministerium mit der erhofften Ernennung belohnt zu werden.

Den Freiheiten, die sich Deutschbein und von Hülsen als akademische Verwalter – ganz im Sinn von Madame de Staëls Thesen über die Universitäten der deutschen Provinz – herausnahmen, entsprachen bemerkenswerte individuelle Spielräume im Verhalten der meisten Professoren. Statt verbindlicher Auskunft über den Beginn oder das Ende des Sommersemesters 1926 findet man im Vorlesungsverzeichnis nur den Verweis, dass Lehrveranstaltungen »ab der letzten Woche des April« beginnen sollten, »genauere Daten« aber »den Anschlägen der Dozenten am Schwarzen Brett zu entnehmen« seien. Bei den Professoren lag auch – wenigstens in den Geisteswissenschaften – die alleinige Entscheidung über die Themen und die Wochenstunden ihrer Lehrveranstaltungen. Der die Studenten faszinierende Heidegger legte seine Seminare gerne auf die angestammten Stunden anderer Dozenten – oder auch auf die frühesten Morgenstunden (in einigen Fällen auf sieben Uhr), was regelmäßig dazu führte, dass die Hörer bei konkurrierenden

Veranstaltungen am Nachmittag nicht mehr die nötige Konzentration aufbrachten.

Heideggers Zusammenarbeit mit dem fünf Jahre älteren Bultmann war aufgrund der Beobachtung auf den Weg gekommen, dass zahlreiche Studenten ihre eigene Wahlfreiheit nutzten, um Veranstaltungen bei diesen beiden Professoren zu belegen. Ihr gemeinsames Donnerstagsabend-Kolloquium in Bultmanns Wohnung lebte weniger von einer statischen Komplementarität der Wissenshorizonte als von der komplizierteren Dynamik einer gleichsam chiastischen Wechselwirkung. Bultmann verstand sich primär auf die Historisierung biblischer Texte, doch die Wirkung dieses Verfahrens intensivierte die Dringlichkeit seiner existentiellen Zentralfrage, wie Passagen aus der fernen Vergangenheit des Neuen Testaments die Sorgen einer der Theologie entfremdeten modernen Welt betreffen konnten. Heidegger andererseits stand aufgrund seiner Analysen der eigenen modernen Welt weit kritischer gegenüber als Bultmann und versprach sich gerade deshalb philosophische Inspirationen von Texten, die in der Antike entstanden waren. An Donnerstagabenden jedenfalls gab es in Marburg für philosophisch ernsthaft interessierte junge Männer keine Alternativen gegenüber der Einladung, in Bultmanns und Heideggers Kolloquium zwei dreiviertel Stunden Texte in der Sprache des antiken Griechenland zu rezitieren, zu übersetzen und auszulegen. Darauf folgte eine Stunde (Bultmann soll diese Begrenzung genau genommen haben) mit Wein, Zigarren und nicht nur wissenschaftlichen Gesprächen für die Herren.

Als die siebzehnjährige Hannah Arendt, Tochter einer bildungsbürgerlichen jüdischen Familie aus Königsberg in Ostpreußen, am Beginn des Wintersemesters 1924/1925 zum Studienanfang nach Marburg kam, soll sie das Ritual der Aufnahme in jenen hochangesehenen Gesprächskreis umgekehrt haben. Statt auf eine Initiative seitens der Professoren zu warten oder um Zulassung zu bitten, teilte sie Bultmann in einem ersten Gespräch mit, sie werde an den Donnerstags-Kolloquien nur unter der Bedingung teilnehmen, dass es nicht zu antisemitischen Bemerkungen komme. Bultmann nahm sich offenbar die doppelte Freiheit, beeindruckt von Arendts Selbsteinschätzung zu sein und sie in den Gesprächskreis aufzunehmen. Aufgrund dieser Entscheidung wurde sie schon in den ersten Marburger Wochen zur Geliebten des achtzehn Jahre älteren Martin Heidegger, der später von dieser Beziehung als der »Leidenschaft seines Lebens« gesprochen haben soll. In ihrer Gegenwart bestand er darauf, dass die erotische Nähe zwischen ihm und Hannah Arendt ein Geheimnis blieb. Damit hat sich die Studentin wohl nie abgefunden. Nach einem Jahr in Marburg nahm Hannah Arendt 1925 an Seminaren von Heideggers Mentor Edmund Husserl in Freiburg teil und wechselte dann an die Universität Heidelberg. Ihre und Heideggers Leidenschaft war in Marburg entstanden, fand dort keinen Raum und ist im Leben der beiden Denker wohl nie mehr erloschen.

Die bis heute »klassischen« Texte, Argumente und Begriffe, welche in jener oft meist elementaren und nur manchmal komplizierten Provinzwelt entstanden waren, haben die Marburger Jahre nach 1920 zu einem strahlenden Moment der intellektuellen Geschichte gemacht. Doch als sich der internationale Ruf der kleinen Stadt achtzig Kilometer nördlich von Frankfurt endlich zu etablieren begann, setzten bereits der von den Nationalsozialisten betriebene Abbau der deutschen Universitäten und die systematische Unterdrückung des geistigen Lebens ein. Nach Ende des Zweiten Weltkriegs gelangten die Geisteswissenschaften dann vor allem in Heidelberg und Münster zu einer neuen Intensität, die später in Konstanz und in Bielefeld Fortsetzungen fand. Heute hingegen scheint die Überzeugung zu dominieren, dass die besten Universitäten in Berlin oder München, in großen Städten des Landes also, liegen müssen.

Eine Verstetigung außergewöhnlicher Kleinstadt-Fälle von intellektueller Produktivität ist jedenfalls – selbst während unserer Gegenwart der Nachhaltigkeitsträume – nie wirklich gelungen und noch weniger die Kopie von einschlägigen Erfolgsmomenten. In Marburg hatten sich immerhin jene Kleinstadt-Bedingungen für die Emergenz geistigen

Glanzes weitgehend wiederholt, die wir schon im Blick auf Weimar im späten achtzehnten Jahrhundert identifiziert hatten. Denn nach Weimar oder nach Marburg kam man als junger Gelehrter, weil dort die gegenüber Freunden, Kollegen und Vorgängern vor Ort gemachten Versprechen eingehalten worden waren. In einer kleinen Stadt verlor man Tag für Tag nur wenig Zeit für große Projekte. Der überschaubare gesellschaftliche Rahmen ließ auf beständige Inspiration und auf konkreten Einfluss für die Realisierung eigener Pläne hoffen. Vor allem aber konnte man sich in Weimar oder Marburg nicht aus dem Weg gehen und war so darauf angewiesen, das produktiv Beste aus einer potentiell schwierigen Situation zu machen.

Hinzu kamen als Spezifikum der nationalen akademischen Kultur Spielräume und Freiheiten, die zur Konturierung von individuellen Intuitionen und Impulsen der Imagination führen konnten. Professoren und Studenten hatten in kleinen deutschen Städten immer wieder die Chance, ihre je eigenen intellektuellen Welten zu erfinden. Die Marburger Geisteswissenschaften von Max Deutschbein und Ernst von Hülsen, die Geisteswissenschaften der sechziger Jahre in Heidelberg und Münster und wenig später in Konstanz und Bielefeld entstanden aus dem Mut, an eigene Profile zu glauben – unabhängig von zur Norm erhobenen Einheitsvisionen des Staats. Diese Kleinstadt-Bedingung der idiosynkratischen Profilierung ist mittlerweile zu einer global anerkannten und berücksichtigten Voraussetzung für die Entstehung akademischer Exzellenz geworden. Alle Universitäten, die im vergangenen halben Jahrhundert zur Weltspitze aufgestiegen sind, liegen in Städten mit weniger als einer halben Million Einwohnern. Dazu mag die historische Wirkung eines deutschen Provinz-Potentials beigetragen haben, das sich zur Wiederholung oder zur Kopie nicht eignete.

Martin Heidegger blieb den klassischen deutschen Universitätsstädten lebenslang treu. In der Nähe des Bodensees geboren, im nahen Freiburg habilitiert und 1923 von Freiburg nach Marburg berufen, kehrte er im Sommer 1928 nach Freiburg zurück, um mit der Aura beginnender Anerkennung für sein Buch »Sein und Zeit« Nachfolger von Edmund Husserl zu werden. Der Rückblick auf Marburg freilich stand für Heidegger unter einer eigentümlichen Spannung. Schon wenige Tage vor dem Abschied schrieb er an seinen Heidelberger Freund und Kollegen Karl Jaspers, dass nichts für diese Stadt und ihre Universität spreche – »keine Stunde« sei er dort glücklich gewesen. Später jedoch bezog er sich in einem persönlichen Gespräch auf die Marburger Jahre, auf die Zeit seines Durchbruchs zu philosophischem Ruhm und auf die Zeit seiner großen Liebe, als die »erregendsten, konzentriertesten, ereignisreichsten und glücklichsten« seines Lebens. Hinter solchen Widersprüchen steht Heideggers Neigung, die zuweilen wie eine Bemühung wirkt, die Freiburger Provinz – als bessere Provinz gleichsam – gleichzusetzen mit einer Berghütte in dem Schwarzwalddorf Todtnauberg, deren Bau seine Frau Elfride noch 1923, vor der Berufung nach Marburg, organisiert und überwacht hatte. Seither – und das heißt: vom Beginn bis zum Ende der fünf Marburger Jahre – betonte er immer wieder, dass er so viel Zeit als eben möglich und vor allem seine produktive Arbeitszeit in der Hütte verbringe. Ausschließlich dort sei das Manuskript von »Sein und Zeit« entstanden, was andere Arbeitsnotizen deutlich in Frage stellen – und was angesichts der 1926 pflichtgemäß in Marburg verbrachten Anzahl von Tagen kaum vorstellbar ist. Hinzu kam, dass Heidegger – wie wir heute wissen – einen Raum für seine Arbeit bei einem benachbarten Todtnauberger Bauern mietete, weil die Hütte in Gegenwart seiner Familie gerade nicht die zum Denken notwendige Ruhe bot.

Dennoch verfasste er 1933 unter dem Titel »Schöpferische Landschaft: warum bleiben wir in der Provinz?« einen bald mehrfach publizierten und von verschiedenen Radioprogrammen gesendeten Text, der die Schwarzwaldberge zur wesentlichen Inspiration für sein Werk erhob. Anlass war offenbar ein Ruf an die Universität Berlin, den Heidegger erst ablehnte, nachdem sich die Hoffnungen verflüchtigt hatten, dort »den Führer« kennenzulernen und Einfluss auf die nationalsozialistische Politik zu nehmen. »Schöpferische Landschaft« hingegen stilisiert die Entscheidung in einer penetranten Schlusspassage zu einer grundsätzlichen Stellungnahme gegen die große Stadt – und für die Schwarzwald-Provinz:

»Neulich bekam ich den zweiten Ruf an die Universität Berlin. Bei solchen Gelegenheiten ziehe ich mich aus der Stadt auf die Hütte zurück. Ich höre, was die Berge und die Wälder und die Bauernhöfe sagen. Ich komme dabei zu meinem alten Freund, einem 75jährigen Bauern. Er hat von dem Berliner Ruf in der Zeitung gelesen. Was wird er sagen? Er schiebt langsam den sicheren Blick seiner klaren Augen in den meinen, hält den Mund straff geschlossen, legt mir seine treu-bedächtige Hand auf die Schulter und – schüttelt kaum merklich den Kopf. Das will sagen unerbittlich *Nein!*«

Die wortreiche Feier dieses Einverständnisses ohne Worte entspricht jener deutschen »Schwere« im sozialen Umgang, die schon Madame de Staël aufgefallen war (zumal dann auch – wie in »De l'Allemagne« – von der Pfeife des alten Bauern und ihrem Rauch die Rede ist). Am Textanfang steht dem Bild vom schweigenden Gespräch eine in noch drastischeren Tönen beschriebene »hohe Zeit der Philosophie« gegenüber, die auf ihre eigene Weise von der Natur-Umwelt abhängen soll:

»Wenn in tiefer Winternacht ein wilder Schneesturm mit seinen Stößen um die Hütte rast und alles verhängt und verhüllt, dann ist die hohe Zeit der

Philosophie. Ihr Fragen muss dann einfach und wesentlich werden. Die Durcharbeitung jedes Gedankens kann nicht anders denn hart und scharf sein. Die Mühe der sprachlichen Prägung ist wie der Widerstand der ragenden Tannen gegen den Sturm.«

Offenbar wollte Heidegger seine Leser überzeugen, dass die philosophische Arbeit »mitten hinein in die Arbeit der Bauern« gehört. Doch während dem »Wind im Widerstand der ragenden Tannen« als Metapher für philosophische Begriffsbildung eine gewisse – wenn auch durchaus klischeehafte – Plausibilität zukommen mag, gelingt es ihm nicht, einen gemeinsamen Nenner für sein philosophisches Denken und die Tätigkeiten der Bauern zu finden, so viele ländliche Szenen er zu diesem Zweck auch Revue passieren lässt:

»Wenn der Jungbauer den schweren Hörnerschlitten den Hang hinaufschleppt und ihn alsbald mit Buchenscheiten hoch beladen in gefährlicher Abfahrt seinem Hof zulenkt, wenn der Hirt langsam-versonnenen Schrittes sein Vieh den Hang hinauftreibt, wenn der Bauer in seiner Stube die unzähligen Schindeln für sein Dach werkgerecht herrichtet, dann ist meine Arbeit von derselben Art.«

Selbst die Schilderung einer »Arbeitspause im Herrgottswinkel«, wo angeblich »gar nicht« gesprochen wird, obwohl es ab und an zu »vielleicht einem Wort« über »Marder im Hühnerstall«, »kalbende Kühe«, »das Wetter« und den »Schlaganfall des Oehmibauern« komme, hilft nicht weiter. Eher wird deutlich, wie schwer es dem wohl eher redseligen Philosophen gefallen sein muss, seine Mythisierung des Schweigens durchzuhalten. Schließlich führt Heidegger – durchaus tautologisch – die »jahrhundertelange, durch nichts ersetzbare alemannisch-schwäbische Bodenständigkeit« als Grund seiner Nähe zu den Schwarzwald-Bauern an. Doch wie soll ausgerechnet vertiefte »Bodenständigkeit« die Bewegung philosophischer Gedanken in Gang bringen?

Heidegger antwortet auf diese innerhalb der begonnenen Beschreibung kaum aufschiebbare Frage mit drei der »Bodenständigkeit« zugeordneten Einstellungen und ihren städtischen Gegenprinzipien. Mit der »Einsamkeit« und ihrer »ureigenen Macht, dass sie uns nicht *vereinzelt*, sondern das ganze Dasein *loswirft* in die weite Nähe des Wesens aller Dinge« (was immer er mit dieser Formulierung sagen wollte) – im Kontrast zum »Alleinsein« der Städte; mit der »Treue des Gedenkens«, die »unvergleichlich mehr gelte als die geschickteste ›Reportage‹ eines Weltblatts über seine angebliche Philosophie« (hier klingt wieder das Vorurteil gegen die Welt der großen Städte an) und schließlich mit dem bloß noch erwähnten »Takt«, der sich vom städtischen »Treiben« unterscheiden soll.

Dass Heideggers philosophischer Arbeitsalltag auf ganz andere Weise – etwa im Marburger Kolloquium mit Bultmann – zu jenen Intuitionen und Einsichten fand, die uns bis heute zu denken geben, kann als ausgemacht gelten. Welches Interesse stand dann aber hinter der eigentümlich forcierten – und beinahe paradoxalen – Selbstdarstellung als »bodenständiger« Denker von 1933? Die Publikationsorte des Texts über die Provinz geben einigen Aufschluss. Nach dem »Heuberger Tagblatt« in seinem Geburtsort Messkirch druckte die »Freiburger Tagespost« und dann insbesondere »Der Alemanne – das Kampfblatt der Nationalsozialisten Oberbadens« die Überlegungen zur »Schöpferischen Landschaft«. Sie fallen mit dem Herbst 1933 in eine Zeit, als Heidegger befürchten musste, dass die NSDAP sein Freiburger Rektorat nicht mehr wohlwollend verfolgte, das er im Mai desselben Jahrs mit dem Parteieintritt und einer im Stil der SA inszenierten Antrittsvorlesung aufgenommen hatte. Danach hatte eine philosophische Sommerschule im Schwarzwald eher zu erotischem Chaos als zu nationaler Erbauung geführt, weil sich allzuviele Teilnehmer vom lauschigen Dunkel der Natur ablenken ließen. Wenn er sich wieder in ein positives Licht bringen wollte, dann stand Heidegger eigentlich nur noch eine philosophische Position zur Verfügung, die er bereits auf den letzten Seiten von »Sein und Zeit« formuliert hatte.

Wenn dort an die Stelle des »Subjekts« als Identifikation des Menschen mit seinem Bewusstsein der Begriff des »Daseins« trat, der neben dem Bewusstsein wieder den menschlichen Körper einschließen sollte, so entstand aus diesem Schritt eine – philosophisch neue – Vertrautheit zwischen dem Menschen als verkörpertem Bewusstsein und den materiellen Dingen der Welt. Für diese Nähe erfand Heidegger das Wort »Zuhandenheit«. Anders formuliert: Als »Dasein« sollte der Mensch wieder auf Reichweite zur Ding-Welt kommen – und würde in diesem Prozess ihr gegenüber seine Autonomie verlieren. Die Autonomie des Subjekts (oder des Daseins) ersetzte Heidegger mit einem übergeordneten Begriff vom »völkischen Geschick«, in dem das Dasein aufgehen sollte. Aus der Landschaft des Schwarzwalds, so lässt sich der Text über die »Schöpferische Landschaft« mit einigem guten Willen auslegen, konnte für Heidegger gerade jenes »völkische Geschick« entstehen, welches das Dasein der Bauern und sein eigenes Dasein vereinen sollte.

Viele von Heideggers Denken grundsätzlich beeindruckte Leser nehmen an dieser Rolle des Geschicks in »Sein und Zeit« und in seinem Denken um 1930 Anstoß, weil sie, wie gesagt, zum Verlust der Prämisse einer menschlichen Handlungsautonomie führt. Neben der Konturenlosigkeit des Begriffs vom »völkischen Schicksal« irritiert mich viel stärker – auch aus sprachästhetischer Perspektive – das Repertoire von Wörtern und Bildern, mit denen Heidegger den Schwarzwald als dramatische Provinzlandschaft und als Gegenwelt der großen Stadt zu vergegenwärtigen suchte. Dieses Repertoire ging sicher nicht – wie andere Konnotationen des gängigen Provinz-Begriffs – auf die großen realistischen Romane des neunzehnten Jahrhunderts zurück, aber ebenso wenig haben sie wohl mit Heideggers eigenen und unmittelbaren Schwarzwalderfahrungen zu tun (wie »rasend« konnte denn ein »wilder Schneesturm« im wirklichen Schwarzwald werden?). Eher erinnern manche Sätze des Texts von der »Schöpferischen Landschaft« an einen anderen fiktionalen – und spezifisch deutschen – Horizont, nämlich an die »Bergfilme«. die sich über die zwanziger Jahre und die Erfindung des Tonfilms hinaus enormer Beliebtheit erfreuten (und von denen die Karriere von Leni Riefenstahl zur Lieblingsregisseurin der Nationalsozialisten ihren Ausgang nahm). Unabhängig davon, ob er je – mit Elfride oder mit Hannah – einen Bergfilm gesehen hatte, war Heideggers liebste Provinz ein Produkt zeitgenössischer Vorstellungswelten, an die anzuschließen viele Intellektuelle seiner Gegenwart gerne bereit waren. Zum großen Denker war er jedenfalls in einer nüchterneren Provinz geworden, im akademischen Alltag der Universitäten von Freiburg und Marburg.

Vom Frühjahr 1983 und bis zum Sommer 1989 habe ich an der Universität Siegen unterrichtet, in einer Stadt mit etwa hunderttausend Einwohnern, die eine Autostunde von Marburg entfernt ist. Unter den – stets milden, aber damals selbstbewussten – ideologischen Vorzeichen der Sozialdemokratie und zu einer Zeit nationalen Finanzüberflusses war dort 1972 eine »Universität-Gesamthochschule« gegründet worden, was einerseits in akademischen

Ohren eher ehrenrührig klang, andererseits aber einem guten – eben sozialdemokratischen – Willen Ausdruck verlieh, von dieser Institution kein Fach und keine Person auszuschließen, die einen Anspruch auf »höhere Bildung« vorbringen konnten. Als entscheidend für die im Vergleich zu ihren Gründungsperspektiven durchaus überraschende Erfolgsgeschichte der Universität Siegen stellte sich der Umstand heraus, dass es keinerlei Bedarf für sie gab. Denn neben Marburg lag mit Gießen ja eine weitere klassische Universitätsstadt in unmittelbarer Nachbarschaft, und wer in Siegen geboren war, einer Stadt, von der das Brockhaus-Lexikon an erster Stelle zu sagen hatte, dass sie die höchsten Niederschläge pro Jahr in Deutschland verzeichnete, der wollte ohnehin und vor allem – wenigstens damals – sein Leben woanders verbringen. Mit einer großen – oder auch nur politisch hinreichenden Zahl – von Studenten war also nicht zu rechnen.

An Siegen vorbei führt eine vielbefahrene Nord-Süd-Autobahn; die ehemalige Durchfahrtsstraße entlang eigenartig asynchron geschalteter Ampeln ist zu der einen Hauptstraße der Stadt geworden; und nach einigen Wochen des Aufenthalts geht einem dort die Routine verloren, nach bemerkenswerten Gebäuden oder unterhaltsamen Ereignissen zu suchen. Faszinierend kann allenfalls die lokale Variante der deutschen Sprache wirken, deren »r« mich an das »r« der Deutsch radebrechenden amerikanischen Besatzungssoldaten aus meiner Kindheit erinnerte. Nichts sprach also dafür, eine Professur aufzugeben, die mir die damals schon als »erfolgreiche Neugründung« angesehene Ruhr-Universität in akademisch jungem Alter anvertraut hatte, um aus der großen Provinzstadt Bochum (mit ihrem damals zu Recht berühmten »Schauspielhaus«) eine Autobahnstunde weiter südlich, eben nach Siegen zu ziehen.

Allerdings musste ich »Verhandlungen« in Siegen aufnehmen, damit es wenigstens zu der einschlägigen Standarderhöhung meines Gehalts kommen konnte, und so hatte es sich angeboten, die unvermeidliche Zeitinvestition mit einem Abstecher nach Marburg als akademischem Erinnerungsort zu kombinieren. Doch dann traf mich in einem verhärmt-dunklen Verwaltungsgebäude der Siegener Innenstadt die Energie des Universitätskanzlers Hans-Joachim Herrmann, der konsequent – wie Ernst von Hülsen ein gutes halbes Jahrhundert früher eben in Marburg – die spezifisch deutsche Provinz-Chance nutzte, strukturelle Unterlegenheit gegenüber der Konkurrenz als Freiraum zu einer institutionellen Profilierung zu nutzen. Wenn seine Gesamthochschule vorerst die hochgerechneten Studentenzahlen nicht erreichen konnte – warum sollte diese Leerstelle nicht mit der Bemühung kompensiert werden, sie in einigen Bereichen (in den eigentlich nur mit einem Minimalprogramm von Lehrstühlen besetzten Literaturwissenschaften, in der Protestantischen Theologie und in einigen Ingenieursfächern) zum Ort einer kleinen Forschungs-Avantgarde zu machen?

Die Details von Herrmanns wahrhaft großstädtischem Berufungsangebot tun wenig zur intellektuellen Sache. Ab Oktober 1983 fuhren wir mehrmals pro Woche in zwei Kombis voll mit neu ernannten, gut bezahlten und von mir nun voll zu beschäftigenden »wissenschaftlichen Mitarbeitern« von unserem Wohnort Bochum zur Arbeit auf den spärlich belebten Haardter Berg bei Siegen, wo sich nach amerikanischem Vorbild ein »Campus« entwickeln sollte. Bald wurde die Intensität der Lektüren und Debatten in unserer Gruppe, zu der vereinzelt echte Siegener Studenten stießen, dynamisch genug, um einen Familienumzug notwendig zu machen, und das Paradigma der Provinz-Pragmatik kam in Gang. Dass Kanzler Herrmann seine Versprechungen gegenüber ein paar zuvor berufenen Kollegen eingehalten hatte, bewährte sich als permanente Ermutigung; neue Initiativen wurden schnell mit wachsendem Einfluss belohnt; jeden Tag traf ich – auch ohne Verabredung – Kollegen meiner Generation mit ganz anderen Interessen und Rhythmen des Denkens (das Vertrauen meines ein paar Jahre älteren Freunds Ludwig Pfeiffer auf das philosophische Potential literarischer Texte etwa teilte ich damals keinesfalls, aber gerade solche Gegensätze haben unsere Gespräche – bis heute übrigens – produktiv gehalten); und die zuverlässigen Siegener Regentage wurden zu einer Ressource der Konzentration auf Lesen und Schreiben. Dank Herrmanns finanzieller Unterstützung konnten Pfeiffer und ich an der damals jugoslawischen Adria von Dubrovnik Kolloquien organisieren, deren zentrifugale Effekte einen Einfluss auf die Geisteswissenschaften nahmen; mit anderen Kollegen steuerten wir den »Modellversuch Graduierten-Kolleg« als eine Dimension der Doktorandenbetreuung zur Architektur deutscher Universitäten bei, die mittlerweile wohl unvordenklich geworden ist. Und als 1990 – mehr als ein Jahr nach dem Ende meiner Siegener Zeit – das Magazin »Stern« zum ersten Mal ein Ranking der deutschen Universitäten unternahm, landete die Gesamthochschule auf dem ersten Platz (ganz im Widerspruch zum Gebrauch des Namens »Siegen« als lokale Antwort auf die Frage, »was denn schlimmer als Verlieren« sei).

Den Höhepunkt der Siegener Zeit und den Moment meines Berufslebens, an den ich mich mit der größten Freude erinnere, markierte ein vierwöchiges Seminar des damals im Zentrum intellektueller Aufmerksamkeit stehenden Jean-François Lyotard aus Paris im Jahr 1988, zu dem wir uns mit etwa zwanzig Kollegiaten fünfmal pro Woche über den gesamten Nachmittag bis oft zum späten Abend trafen. Lyotard hat über jene Erfahrung – ohne Auftrag oder Drängen – einen Essay unter dem Titel »Er-Siegerungen« geschrieben, in dem es unter dem Eindruck seiner positiven Provinzüberraschung um optimale Bedingungen des Denkens geht, um Bedingungen wohl, die nicht mehr denen aus Marburgs großer Zeit entsprachen. Einleitend bemerkt Lyotard, wie entscheidend für seine Annahme der Einladung nach Siegen unser Versprechen war, dass »alle die Kollegiaten oder ihn angehenden Themen« Gegenstand der Gespräche sein konnten – was einer Aufhebung der institutionellen Rahmenkontur für »Lehrveranstaltungen« gleichkam (Lyotard eröffnete unsere täglichen Diskussionen mit Motiven aus seinem damals entstehenden Buch »Le Différend«, ließ sich aber von Einwänden und Fragen zu ausführlichen Diskursen ablenken). Verstärkend wirkte seine Betonung der Prämisse, dass produktives Denken »nie an eine Methode gebunden« sein könne (unter dem Eindruck der »Dekonstruktion« – und entgegen dem Selbstverständnis ihrer Protagonisten – war gerade damals der Glaube an Methoden als Erfolgsgarantien des Denkens weit verbreitet).

Die nächste von Lyotard ins Spiel gebrachte Siegener Erinnerung und Bedingung des Denkens mochte mit dem gegebenen Rahmen eines staatlich geförderten institutionellen Experiments (»Modellversuch«) zu tun haben, unterscheidet sich aber von der traditionell in Deutschland als Sondersituation heraufbeschworenen »akademischen Freiheit«, mit der Disziplinen und Fakultäten im früheren zwanzigsten Jahrhundert noch gerechnet hatten:

»Das Graduiertenkolleg war ein Ort, der unter Verdacht und unter kritischer Beobachtung blieb, weil er von Vorurteilen und Feindschaft umgeben war. Es musste beständig verteidigt und zu diesem Zweck beständig kritisiert werden. Das Kolleg als Institution enthielt die Kritik seiner selbst als Institution [...]. Also wird permanent die Frage gestellt, was das Denken verlangt, um heute seinen Ort und seinen Anlass zu finden.«

Aus dieser Bewegung der Selbstreflexion, meine ich, entstand eine entscheidende Differenz gegenüber der deutschen Provinz als klassischem Ort des Denkens. Gerade die prekäre institutionelle Situation und die mangelnde Geschlossenheit der Gesamthochschule Siegen, die eben nicht in einem geschlossenen Tal lag, provozierten ein aktives Heraustreten aus den institutionellen und intellektuellen Rahmen, an die wir gewohnt waren:

»Siegen zeigt mehr oder weniger, was aus einem Heim wird (nach meinem Vorurteil: aus der typischen Existenzweise der Deutschen), wenn es einer Entwicklung ausgesetzt ist. Die Kirche und ihr großes Dorf am Abhang, die Autobahnen um sie herum, die Geschäfte, Firmen und Büros entlang der Hauptstraße. Eine doppelte Traurigkeit, die Traurigkeit einer ländlichen Kultur und die Traurigkeit einer Informations-Kultur, von denen die erste an ihrer Enge und die zweiten an ihrer Leere erstickt [...].

Das Europa, das wir in Siegen für einen Moment und zu einem gewissen Grad bauten, wird nur dann Europa werden, wenn wir alle aus jenen Nationen auswandern, denen wir angehören – und dabei unbestimmt werden. Als Kollegiaten waren wir weder gute Provinz-Bewohner noch geschickt-großstädtische Informations-Verwalter. Wir versuchten, unsere Formen der Wurzellosigkeit durchzuarbeiten.«

Lyotards optimistische Europa-Perspektive, ohne die ein intellektueller Essay in Frankreich oder Deutschland Ende des vergangenen Jahrhunderts nicht auskommen konnte, und auch der psychoanalytisch inspirierte Glaube an das »Durcharbeiten« sind inzwischen verblasst. Nicht aber die Kraft von Situationen, die uns zur »Auswanderung« aus Gewohnheiten oder aus dem Rahmen eines jeweiligen »Zuhause« bringen. Das Siegen an der Autobahn, das Siegen der Gesamthochschule war keine klassisch-akademische Provinz und schon gar nicht eine Provinz nach Heideggers Geschmack, sondern möglicherweise eine frühe deutsche Version von suburbanem Leben, das aus seiner Entkoppelung von traditionellen Rahmen prekäre geistige Freiheit gewann, statt wie Marburg vor hundert Jahren eine momentane Intensität abzustrahlen. Zum suburbanen Leben gehört aber nicht mehr die große Stadt der europäischen Geschichte als ihr formstiftender Gegensatz. Möglicherweise braucht es so einen Gegensatz nicht mehr.

Im Anflug auf elegante Gewalt: São Paulo, Mumbai, Moskau

Mit Mondnächten und Erkern im Spitzweg-Stil oder mit den deutschen Universitätsstädten, die Madame de Staël so bewunderte, hatte die Jean-François Lyotard erstaunende Siegener Provinz der späten achtziger Jahre wenig zu tun. Solch selbstverliebte Heimeligkeit ließ die Stimmung von trockenem Ernst nicht aufkommen, den ihr reformierter Protestantismus in die Gesichter der gebürtigen Siegener schrieb. Über Jahrhunderte musste er den Aufstieg einer lokalen Eisenindustrie zu respektablem Reichtum begleitet haben. Für das Aufkommen von Idyllen-Gefühl fehlte vielleicht auch eine angenehme Enge der Landschaft, denn Siegen verteilt sich über Hügel ohne die Form und den Effekt eines Tals. Und zur typischen »Universitätsstadt« war es so wenig geworden wie die anderen deutschen Städte, die das Wort »Universität« damals eilig auf ihre Ortsschilder schrieben. Stolz war man schon auf die neue Hochschule, hatte aber eben keine Verwendung für sie und ihre Mitglieder, ja zweifelte manchmal sogar, ob es überhaupt bei dem »erhöhten« Status bleiben würde.

Kein Wunder also, dass die meisten von uns Lehrenden und selbst ein großer Teil der Studenten bloß für zwei oder drei Tage pro Semesterwoche ins suburbane Siegen kamen, in die Stadt unter dem erwartbaren Niveau einer Stadt, und dort, wenn es denn nicht zu vermeiden war, ein paar der oft nasskalten Nächte in Hotels oder Pensionen mit so ausgewählt unfreundlichen Namen wie dem »Oderbein« in der Nähe des Bahnhofs schliefen. Lyotard sah das richtig: Wer unter diesen Vorzeichen ein aktives intellektuelles Leben wollte, der musste nicht nur aus seinem Zuhause »auswandern«, zum Beispiel aus der Welt des reformierten Protestantismus, sondern innerhalb einer eher gleichgültigen Umwelt von noch nicht bezogenen neuen Institutionen und abgelegten alten Identitäten »einen Ort des Denkens bauen«. Das ergab sich nicht von selbst. Anders gesagt: Wir brauchten Woche für Woche, ohne Ausnahme und Konzessionen den starken Willen, uns auf dem Haardter Berg zu treffen. Dies machte den Unterschied zu Marburg, Gießen oder Freiburg aus, wo Akademiker damals noch gerne wohnten, weil sie sich auf den Bestand und die Wirkung von Traditionen verließen. In Siegen hingegen war der Geist darauf angewiesen, immer wieder auf prekäres und manchmal helles Flackern zu hoffen. Deshalb hatten sich einige von uns für die graue Stadt an der Autobahn als Wohnort entschieden.

Auf welche Alternative zu dieser suburbanen Existenz in jedem Sinn aber setzten die Kollegen, die sich weiter auf Bahn, PKW und die Nächte im »Oderbein« verließen? Bonn blieb, wenn ich mich recht erinnere, der beliebteste Wohnort für sie, auch Gießen, Münster und in einigen Fällen sogar Marburg kamen in Frage, weil solche Namen den Glauben an eine eigene Universitätsberufung bei denen aufrecht hielten, die im hastigen Hin-und-Zurück das Siegener Flackern übersahen. Ein Berlin-Hype war noch nicht ausgebrochen, und die Versprechen der ehemals »geheimen Hauptstadt« München schienen den Aufwand der ausgedehnten Bahnfahrt nicht mehr zu lohnen, während die als historische Freilichtmuseen verpackten Hauptstädte wie Paris, Rom oder Madrid als Ausgleich für die Semesterferien galten. Denn trotz allem Flackern erlebten auch wir neuen Bewohner von Siegen unsere Stadt weiter als un-greifbar, als Nicht-Ort in der Mitte einer Leere.

Erstaunlich fand (und finde) ich es deshalb, dass Siegen nie darauf aus war, sich in ein Verhältnis zur weniger als hundert Kilometer nördlich liegenden »Ballungszone Ruhrgebiet« mit ihren über fünf Millionen Einwohnern zu setzen. Denn diese Peripherie könnte der kleinen Großstadt mit ihrer suburbanen Lage ja immerhin einen prägnanteren Status geben – und außerdem brächte der Gedanke an eine solche Beziehung die für jede Gegenwartsdiagnose relevante Frage in den Blick, ob die Unterscheidung zwischen suburbaner Existenz und dem Leben in »Ballungszonen« nicht schon längst an die Stelle des nur noch literarisch-nostalgischen Gegensatzes zwischen Provinz und Hauptstadt getreten ist. Der einschlägige, aber in den mir geläufigen Sprachen bis heute mit eigenartigem Zögern verwendete Begriff der »Megalopolis« für jene Regionen demographischer Verdichtung geht – überraschenderweise, aber nicht ohne Grund – auf das frühe zwanzigste Jahrhundert zurück. Oswald Spenglers »Untergang des Abendlandes« von 1918 war das früheste heute kanonisierte Werk deutscher Sprache, in dem das Wort auftauchte.

Wenige Jahre zuvor, in der Zeit vor dem Ersten Weltkrieg, hatten die Herausbildung eines Zentrums deutscher Schwerindustrie und die von ihr ausgelöste Bevölkerungsexplosion entlang einer Reihe von Städten, die am mittelalterlichen »Hellweg« als Verbindung zwischen den Flüssen Elbe und Rhein gelegen waren, vor allem in Dortmund, Bochum, Essen und Duisburg, ihren Höhepunkt erreicht. Die Kohle- und Erzbestände der Region waren schon Mitte des achtzehnten Jahrhunderts entdeckt und in bescheidenem Rahmen abgebaut worden. Doch erst nach der Gründung des Zweiten Deutschen Kaiserreichs im Jahr 1871 kam – auch jenseits der Grenzen mit Belgien und Frankreich – die industrielle Revolution auf Touren, für deren aggressiv-nationale Expansionsträume besonders der Name der Familie Krupp aus Essen emblematisch wurde. Aus dieser wirtschaftlichen und sozialen Entwicklung unter besonderen politischen Vorzeichen entstand das Ruhrgebiet als kulturelle Identität im komplexen Sinn.

Zu ihr gehörte Ende des neunzehnten Jahrhunderts eine atypisch hohe Geburtenrate von sechs Kindern pro Frau, die andere Regionen des Landes um zwei Kinder überbot. Mehr als 400.000 Einwanderer aus osteuropäischen Ländern, vor allem aus Polen, die sogenannten Ruhrpolen, wanderten in die ehemals ländliche Gegend ein, um im Normalfall eine Generation später nach Sprache und Mentalität voll »integriert« zu sein. Dies waren Komponenten einer im Ruhrgebiet aufkommenden deutschen Version von proletarischer Kultur, deren Kraft sich 1920 im Sieg über reaktionäre »Freikorps« von Weltkriegsveteranen entlud und vor Hitlers Machtergreifung von 1933 noch einmal zu einem Alltag in der Spannung des Bürgerkriegs führte. Meine Mutter, die in Dortmund aufgewachsen war, erzählte von den Sorgen ihres unter Tage arbeitenden Vaters, die Tochter nach dem Tod ihrer Mutter alleine auf den von SA und Rot-Front umkämpften Straßen zur Schule gehen zu lassen.

Noch heute gehört zum Ruhrgebiet ein besonderer Ton der deutschen Sprache mit seinen grammatikalischen Eigenheiten (Dativ oder Akkusativ als freie Varianten zum Beispiel), aber auch mit Stimmungen von Humor und Selbstironie, die den lokalen Hang bespielen, angefangene Sätze nicht ans Ende zu bringen. Bis zu ihrem späten Lebensende redete meine Mutter so, obwohl sie mit zweiundzwanzig Jahren nach Franken umgezogen war. Kaum artikulieren können, was zu sagen einen das

Herz drängt, wird im Ruhrgebiet zum Beweis für »echte« Gefühle. Am deutlichsten sichtbar ist bis in die kulturelle Gegenwart der im Hinblick auf praktisches Talent berechtigte Anspruch des Ruhrgebiets geblieben, Herzland des Fußballs als deutscher Nationalsport zu sein. Doch unter diesem substantiellen Horizont von Elementen einer übergreifenden Identität haben die Städte von Dortmund bis Duisburg nicht nur als Verwaltungsinstitutionen an unabhängigen Selbstbildern festgehalten. Obwohl niemand ihre Grenzen mit bloßem Auge ausmachen kann, inszenieren sie sich als Räume, die um verschiedene historische Zentren gewachsen sind.

Seit Mitte des zwanzigsten Jahrhunderts allerdings ist der Stellenwert der Ruhrindustrie für die deutsche und europäische Wirtschaft kontinuierlich zurückgegangen. Die letzte Steinkohlenzeche stellte 2018 den Betrieb ein. Ohne große Probleme wurde die einstige Schwerindustriezone zu einer Region der Dienstleistung und Naherholung (auf diese zweite Funktion sind Politiker vor Ort über die Maßen stolz). In Gleichzeitigkeit des typologisch Ungleichzeitigen hält das Ruhrgebiet dabei weiter an seiner vom Proletariat, aber auch von der ländlichen Vorgeschichte getönten Identität fest, welche die Zeche »Zollverein« als Ort des UNESCO-Weltkulturerbes dick aufgetragen vorstellt und feiert. Gerade weil es sich als »Ballungszentrum« so erfolgreich überlebt hat, ist das Ruhrgebiet freilich kein Fall des gegenwärtigen Verhältnisses zwischen Megalopolis und suburbanen Zonen. Wir erleben in seiner Kultur heute eine geschlossene Welt der Vergangenheit, während die inzwischen zur »Universität Siegen« normalisierte Gesamthochschule mit ihrem suburbanen Konturenmangel sich vielleicht eine Möglichkeit von Intensität und Zukunft bewahrt hat.

Wer dagegen auf die Listen lebendiger Megalopolen unserer Gegenwart blickt, stößt auf das Paradox, dass sich – ganz anders als im Ruhrgebiet – als Matrix ihrer Identität gerade ein Ausbleiben von kulturellen, wirtschaftlichen und sogar demographischen Identitätsmerkmalen erweist. Ob man etwa ihre Bevölkerung auf jenseits der dreißig, um die zwanzig oder etwas über zehn Millionen Personen ansetzt, das hängt von jeweils zugrunde gelegten Definitionen und verwaltungsstrukturellen Kategorien ab (»Stadt«, »Region« oder »Ballungsgebiet«), so wie es auf der anderen Seite Ergebnis einer eher blinden Konvention ist, dass immer wieder Tokio – und nicht Mexiko-Stadt oder São Paulo, Seoul oder Schanghai – als »größte Stadt der Welt« aufgeführt wird. Seit den Zeiten von Spengler und dem Aufstieg von Industrieregionen im Stil des Ruhrgebiets hat der schon damals eher flache Begriff der »Megalopolis« nur weiter an Prägnanz verloren, was verbietet, ihn zusammen mit dem Konzept des »Suburbanen« in eine binäre Unterscheidung des Typs »Provinz/Stadt« zu rücken. Auch die demographischen oder wirtschaftlichen Statistiken zeigen keine einschneidenden Veränderungen in der Struktur der Riesenstädte für die letzten Jahrzehnte an, bei der eine Reflexion einsetzen könnte. Sie bleiben schwer greifbar, und wer mit ihnen zu Rande kommen will, ist auf persönliche Eindrücke angewiesen.

Ganz ohne Warteschleifen und je nach Zielflughafen kann sich die letzte Strecke des Anflugs auf São Paulo über eine gute halbe Stunde hinziehen. Wellen von Gebäuden mit dreißig bis vierzig Stockwerken sehe ich, höher als die Wohnhäuser, wie sie zu den meisten europäischen Städten gehören, aber nicht auffällig genug, um das rührend dramatische Vergangenheitswort »Wolkenkratzer« abzurufen. Nirgends hört die Landschaft aus organisiertem Stein auf, weder in der Richtung des Flugs noch in der Gegenrichtung meines Blicks. Aus flexiblem Abstand sieht die Architektur gekonnt und solide aus, ohne Höhepunkte oder ästhetischen Ehrgeiz, so wie auch das Wetter über São Paulo nur selten strahlend oder bedrohlich wird. Wer zum ersten Mal in Congonhas ankommt, dem »Stadtflughafen«, fragt sich für einen Moment, ob dem Piloten zwischen so vielen Gebäuden die Landung gelingen kann (am 17. Juli 2007 raste TAM-Flug 3054 aus Porto Alegre am Ende des Runways in ein Benzindepot und explodierte mit 181 Menschen an Bord). Cumbica (oder auch Guarulhos genannt), der internationale Flughafen, existierte noch nicht, als ich 1966 zum ersten Mal »auf Ferien« zu Freunden meines Vaters nach São Paulo kam. 1985, bei der Eröffnung, wirkte er mit einer Autostunde Abstand vom Zentrum wie ein Planungsirrtum, aber inzwischen hat ihn die Gebäude-Kontinuität beinahe eingeholt. Präziser gesagt, wird Cumbica als Teil von Guarulhos geführt, der mit über einer Million Einwohnern demographisch größten unter den »Städten«, in die als Verwaltungseinheiten die Region von São Paulo aufgeteilt ist.

Irgendwann endet die lange Landung dort so sanft wie jede andere Ankunft. Auf dem Weg vom Gate zur Gepäckausgabe geht die beim Blick auf die Häuserwellen entstandene Ungeduld in die nächste über. Ich warte auf den Koffer und frage mich, warum ich nicht »leicht« reisen kann. Denn mit Koffer kommen in São Paulo nur Passagiere an, die aussehen wie Einwanderer aus einer anderen Zeit auf der Flucht vor tödlicher Armut. Nächstes Mal also bloß mit einer Aktentasche, wie konzentrierte Geschäftsleute, die keine Zeit zu warten haben. Einen harten und neutralen Rhythmus, einen Maschinen-Rhythmus als Vorwegnahme der Stadt zu spüren, rede ich mir in Cumbica/Guarulhos stets ein. Endlich rolle ich den Koffer auf die Taxis zu, an den üblichen Imbissständen vorbei, nie ohne den Impuls, ein *pão de queijo* zu kaufen, den nationalen Bissen aus Brot und Schmelzkäse, der nirgends so richtig schmeckt wie in dieser Flughafen-Normalität.

Weiß gestrichene Taxis absorbieren zu jeder Stunde mit immer gleichem Rhythmus die Passagiere. In einem auf »automatisch« gestellten Ton warnt mich der Fahrer, dass der Weg zum angegebenen Hotel statt einer auch drei Stunden dauern und entsprechend teuer werden kann. »Ich weiß«, sage ich, Routine vorspielend, auf Portugiesisch und habe viel mehr Schwierigkeiten als in Rio, irgendein Gespräch auszulösen. Etwas Erfolgs-Euphorie kommt auf, wenn der Fahrer nach wenigen Worten fragt, ob ich aus Rio bin. Denn den weichen Akzent der anderen Stadt kann ich passabel nachahmen. São Paulo dagegen glaubt, keinen Akzent zu haben, trotz der historisch dominanten Einwanderung von Italienern, wie sie in Buenos Aires eine tiefe phonetische Umformung des kontinentalen Spanisch ausgelöst hat. Für eine abweichende Aussprache haben die »Paulistanos«, wie sie selbst sich nennen (»Paulistas« sind die Bewohner des Bundesstaats São Paulo), nicht die Zeit oder Geduld – und daraus ist ihr eigener Dialekt geworden.

So funktioniert das Leben in São Paulo ohne Exzentrik und Leidenschaft. Selbst die Frage nach Corinthians, Palmeiras oder São Paulo FC, den lokalen Fußball-Clubs mit Aura, zieht nur selten bei den Taxifahrern, die lieber auf dem Handy mit ihren Frauen oder Kindern über Abendessen, Einkäufe, Schulnoten und Bekannte reden. Obwohl ich seit den achtziger Jahren oft zu Vorträgen oder Seminaren in die Stadt gekommen bin (keine anderen Anlässe gab es je), ist nichts wiederzuerkennen auf der Strecke von Cumbica in die Innenstadt. Je nach Tageszeit und den letzten Verkehrsmeldungen wählen die Fahrer andere Routen. Darin konkretisiert sich ihr Berufsstolz. Nur einmal holte mich ein junger Kollege, Nicolau Spadoni, in Congonhas ab. Wir sprachen vom São Paulo FC, dessen Fan er ist, und auch von Hegel, über den er seine Magisterarbeit geschrieben hat. Berufsstolz auch, aber ausnahmsweise mit Leidenschaft.

Alle Fahrten von den Flughäfen nach innen enden auf der Avenida Paulista, dem Finanzzentrum Südamerikas, nicht nur aus brasilianischer Sicht, einer selbstverständlich breiten und durch das Zentrum laufenden Straße, die man »pulsierend« nennen kann, weil ihre Bewegungen nie hektisch werden. An kein Hotel auf oder in der Nähe der Avenida Paulista erinnere ich mich, mit dem ich nicht zufrieden gewesen wäre, aber auch an keines, das ich für eine Reservierung bevorzugen würde. In Rio dagegen kann das Bestehen auf bestimmte Viertel hinter den Stränden, nach denen sie benannt sind (Copacabana, Ipanema, Leblon, São Conrado), auf bestimmte Aussichten (zum Beispiel auf den Botanischen Garten aus der Zeit des brasilianischen Kaiserreichs) oder auch auf spezielle Hotels zur Weltanschauung werden (»Arpoador«, wo das Frühstück im Sand des letzten Bogens von Ipanema serviert wird, gilt zumal nach der Renovierung als Geheimtipp). Sogar ein ferner Blick auf die Favelas, die drastischen Armenviertel der großen brasilianischen Städte, gehört in Rio, mit seinem Exzess an

Profil und Identität, zur Tourismuskulisse. In São Paulo bleiben sie unsichtbar.

Nur dass sie nicht von den eigenen Vergangenheiten beeindruckt sind, teilen Rio und São Paulo. Rio hat ein historisches Zentrum im Modernismus der zwanziger und dreißiger Jahre, das seiner fortschreitenden Erosion nichts entgegenstellt, weil es längst den Status einer Stadtmitte verloren hat. Die Verwaltung von São Paulo bemüht sich immerhin, einigen Gebäuden aus der Vergangenheit mittels Rekonstruktion oder Restauration eine Aura zu geben: dem Pátio do Colégio, einer weiß gestrichenen Jesuiten-Station, von der die Geschichte der Stadt im sechzehnten Jahrhundert ausgegangen sein soll, oder dem Monumento dos Bandeirantes, einem Denkmal im wuchtigen Stil von 1921 zur Ehre der Einwanderer, die das Inland erschlossen. Doch in São Paulo wachsen solche Orte nicht zu einem Stadtkern zusammen, und das Monumento dos Bandeirantes ist als Symptom des weißen Rassismus ins kritische Gerede gekommen. Selbst die Monate einer politischen Rebellion im Winter 1932 gegen die Diktatur von Getúlio Vargas haben bloß den Stellenwert einer Episode für das kollektive Gedächtnis von São Paulo, so sehr sich die Stadt auch sonst in der Funktion eines Gegengewichts zur Politik der Hauptstadt gefällt.

Nicolau habe ich gefragt, was er als das Andere erlebt, als den Raum jenseits der Stadt, der São Paulo vielleicht eine Form gibt. Gewiss nicht der Bundesstaat unter dem gleichen Namen, sagt er, und dessen eigene Städte an der Millionen-Einwohner-Grenze. Auch nicht Rio de Janeiro, die Hauptstadt von früher und selbsterklärte »schönste Stadt der Welt«, die verbissen an der wirtschaftlichen Kraft und der intellektuellen Autorität von São Paulo leidet. Ohnehin nicht Brasilia, das die meisten Brasilianer als unauslöschliche Spur einer National-Euphorie aus den sechziger Jahren ansehen. Für São Paulo gibt es keine Provinz als Gegenüber oder Ergänzung, kein markantes Anderes und vor allem kein Ende. São Paulo ufert wie die anderen Riesenstädte in suburbanes Leben aus, ohne eine Grenze, die sich überschreiten ließe. »Wer in São Paulo wohnt, ist ohne Polemik etwas weniger als Brasilianer, denn die Stadt macht ihre eigene Welt innerhalb der Nation aus«, meint Nicolau.

Wie in den Vereinigten Staaten und viel deutlicher als in Rio de Janeiro gehört ein Hintergrund jeweiliger »Herkunft« zu den Bewohnern von São Paulo. Sie wissen, dass sie von Einwanderern aus Italien (in erster Linie), Portugal, Deutschland, Japan oder auch von jüdischen Familien abstammen, und viele von ihnen wohnen in Teilen der Stadt, wo diese Kulturen einschließlich ihrer Sprachen dominieren. Doch zugleich sind die Paulistanos immer imstande, auf eine Nüchternheit und einen Ton gelassener Genauigkeit umzuschalten, der sie als Medium der Gespräche und der Arbeit ihrer Stadt vereint. Niemand spricht nicht fließend und ohne zu überlegen Portugiesisch. Daraus ergeben sich beständige Oszillationen zwischen zwei Ebenen flexibler Identität, zwischen dem stabilen jeweiligen Hintergrund und den fortschreitenden Gegenwarten – was bedeutet: São Paulo lebt in spezifischen Bewegungen, die strukturell dem von Lyotard als Voraussetzung für intellektuelles Leben beschriebenen, immer neuen Heraustreten aus den ererbten Rahmen entsprechen.

Eine Verdichtung eben dieser Bewegungen beeindruckt mich im intellektuellen Stil der Universidade de São Paulo, die seit langem von den einschlägigen Rankings als führende Hochschule des südamerikanischen Subkontinents geführt wird. Schon während ihrer Gründungszeit Mitte der dreißiger Jahre wirkten in der Abteilung für Soziologie der »USP« (»Ussspi«, wie die Paulistanos sagen) vier junge französische Gelehrte zusammen: Roger Bastide, Fernand Braudel, Dina Lévi-Strauss und ihr Mann Claude, die es verstanden, eine aus Europa mitgebrachte Bildung auf Gegenstände aus der brasilianischen Gesellschaft und Geschichte zu öffnen und die daraus entstehenden Denkmöglichkeiten in entscheidende Erneuerungen ihrer Disziplinen aufgehen zu lassen. Besonders Braudels Projekt einer »Geschichte des Alltags« und die von Claude Lévi-Strauss eingeführte »strukturelle Analyse« ethnischer Phänomene gingen nach eigenem Verständnis auf den in São Paulo verbrachten Abschnitt ihrer akademischen Karrieren zurück. Auch davon erzählt Lévi-Strauss' klassisches Buch von den »Traurigen Tropen«.

Bei allem historisch etablierten Ansehen der Universidade de São Paulo jedoch muss geistige Energie auch dort stets neu heraufbeschworen werden, wenn sich Studenten und Professoren aus ganz verschiedenen Teilen (und tatsächlich »Welten«) der Stadt auf den Campuszonen treffen. Neben der Oszillation von Identitäten wird dabei eine Spannung spürbar, gegen die der intellektuelle Alltag durchzusetzen ist – und die den Leistungen dieses Alltags einen spezifischen Kontext gibt. In dieser besonderen Spannung, so vermute ich, liegt eine im wesentlichen vorbewusste Reaktion auf das allgegenwärtige Potential von krimineller Gewalt, das alle Megastädte unserer Gegenwart durchdringt – auch in den Fällen, wo optimistische Statistiken behaupten, das Problem sei unter Kontrolle. Wer in São Paulo lebt, bewegt sich zu bestimmten Stunden des Tags nicht im Freien und schließt gewisse Zonen der Stadt konsequent aus seinen Bewegungen aus. Und über solches Verhalten verändert die Präsenz von Gewalt die elementare existentielle Beziehung zum Raum.

Denn wenn sich Gewalt definieren lässt als das Ereignis körperlichen Eindringens in Räume gegen den Widerstand anderer Körper, dann bewirkt ihre Dauergegenwart eine Habitualisierung von Strategien des Rückzugs und des Ausweichens. Aus einer Umwelt, die man ausfüllt, die einen wärmt und die man sich in alltäglichen Formen der Praxis zuhanden macht, wird der Ort des Wohnens unter dem Vorzeichen von Gewalt zu einer Zone, die vor allem Gewalt auf Distanz halten muss. Momente von Ruhe und Entspanntheit können dann immer nur Zeiten des Aufschubs von Gewalt sein.

Einschneidender noch als funktionale Nüchternheit und oszillierende Identitäten breitet sich der nie aussetzende Druck von Gewalt über das Lebensgefühl von Städten wie São Paulo aus. Vielleicht belebt er jenen Maschinen-Rhythmus, den ich bei jener Ankunft an den Gepäckbändern von Congonhas oder Cumbica spüren möchte. Ständig wache Aufmerksamkeit provoziert die Präsenz von Gewalt, eine Agilität des Planens und Handelns, einen unvermeidlichen Drang, ja eine Notwendigkeit der individuellen Isolierung. Auf Bewährtes verlassen kann man sich nicht. Solche Reaktionen führen zu beständiger Erschöpfung, doch zugleich rufen sie beständig neue Gedanken und Vorstellungen ab. Denn nichts darf in der Gegenwart von Gewalt dem Zufall überlassen sein. Nur den Zeitgenossen begegnet man, denen man vertraut und denen man begegnen will. Und allein neue Strategien von Rückzug und Vermeiden halten Gewalt auf Abstand. So legen gerade die Riesenstädte ihren Bewohnern eine Pflicht zur Individualisierung auf, was auf den ersten Blick wie eine Paradoxie aussieht. Und es geht um eine Individualisierung, die – anders als einst die Individualität der Provinz – in dauernder Wachheit leben muss.

Nicht an Traditionen, Gewohnheiten und überkommene Gemeinschaften halten sich die Paulistanos, um täglich zu überleben. Sie sind vorwegnehmend auf das individuelle Neue konzentriert, mit dem niemand rechnen kann, ihre Gewaltfeinde nicht – und nicht einmal sie selbst. Deshalb kann zu Präsenz und Distanzierung von Gewalt eine Möglichkeit von Eleganz kommen, eine Möglichkeit des täglichen Gelingens von Intuitionen und Erfindungen, aus dem sich manchmal Linien des Geschmacks und des Stils ergeben. Eleganz ist keine Eigenschaft, sondern in bestimmten Konfigurationen ein Potential von São Paulo. Wer die Stadt kennt, der weiß, dass er ab und an auf Gestalten von individueller Eleganz stoßen wird, auf eine Eleganz der Begegnungen und des Verhaltens, aber auch auf kultivierte Eleganz der Mode und der Intellektualität. So ausführlich entspannt, wie sich die Bewohner von Rio gerne präsentieren, sehen Paulistanos nie aus. Spät in seinem Leben habe ich bei einem Kolloquium an der USP den philosophisch beeindruckenden und sehr gut gekleideten Antônio Cândido gesehen, der keine akademische Schule gründete und gerade dank dieser Unabhängigkeit eine eigene brasilianische Annäherung an die Geschichte der nationalen Literatur entstehen ließ, deren Wachheit nie ausgesetzt hat. Gilda de Mello Souza, seine Frau und Kollegin, die bei den großen jungen Franzosen der dreißiger Jahre studiert hatte, war für ihre Modebewusstheit bekannt und bewundert. Doch die immer neuen Fälle individueller Eleganz sind noch nie zu einem sozial oder regional übergreifenden Stil von São Paulo zusammengelaufen.

Zur Eleganz dieser Stadt gehört, dass man sich über den Druck der Gewalt, über die Pflicht, ständig umzustellende Strategien ihrer Vermeidung zu erfinden, und über alle anderen Formen dauernder Anspannung (etwa über den Verkehr, der nie nachlässt) nicht – oder jedenfalls: von einem bestimmten Punkt des Lebens an nicht mehr – beklagt, weil sie ohnehin nur auf Distanz zu halten, nicht jedoch abzuschaffen sind. Darin liegt ein »cooler« Nebeneffekt existentieller Eleganz. Ganz im Gegensatz zur Eleganz aber scheint die Megalopolis Leidenschaft tendenziell aufzuheben, vielleicht, weil Leidenschaft ja die Bereitschaft voraussetzt, eine beständig wache Aufmerksamkeit einzuklammern – und den Dingen freien Lauf zu lassen. Leidenschaft ereignet sich dann in der Form von Intensität (das heißt in einer nicht-persönlichen Bewegung, die von absoluter Beliebigkeit als Beziehung innerhalb einer Konfiguration von Phänomenen zu einer Beziehung absoluter Notwendigkeit zwischen ihnen geht). Aus einer zufälligen Begegnung mit einer Person wird Leidenschaft mittels des Traums und dann der Sucht, jeden Augenblick mit ihr zu verbringen. Wachheit aber – speziell die Wachheit der riesigen Stadt – versteht sich schlecht mit solchem Sich-ereignen-Lassen von Intensität, sie ist manchmal gerade auf seine Vermeidung konzentriert, oder anders gesagt: Wachheit kann sich Intensität nicht leisten. Liegt hier ein Grund, warum das neunzehnte Jahrhundert die Provinz – als eine Welt, die auf Wachheit weitgehend verzichten konnte – mit Leidenschaft assoziierte? Und wie steht es im suburbanen Leben unserer Zeit mit dem Verhältnis zwischen Wachheit und Intensität?

Die Erinnerungen und Gedanken an São Paulo scheinen – aus vielen Perspektiven – den Eindruck zu bestätigen, dass dem Phänomen der ganz großen Stadt unserer Gegenwart mit einer wohlumschriebenen sozialen Typologie nicht beizukommen ist. Ihre Kraft geht wie ihr Stress aus der Anforderung einer Agilität hervor, die immer wach bleiben muss und keinesfalls Formen bleibender kultureller Identität ausbilden darf (wie es zum Beispiel mit dem Ruhrgebiet als einer Ballungszone des frühen zwanzigsten Jahrhunderts geschah). Außerdem legt São Paulo die tendenziell paradoxale Vermutung nahe, dass gerade zur Megalopolis von heute ein besonderes Potential der Individualitätsentfaltung gehört. Bevor es im nächsten und letzten Kapitel um das suburbane Leben von heute geht, um sein Verhältnis zur Megalopolis und um seinen Kontrast zur literarisch aufgeladenen Vorstellung von der Provinz, will ich die Beschreibung von São Paulo um einige Aspekte ergänzen und illustrieren, die zu anderen Riesenstädten der Gegenwart gehören.

An erster Stelle ein Einschub: Auf dem Weg aus dem Hauptgebäude des Shinjuku-Bahnhofs im Tokioter Stadtteil Shibuya habe ich zum ersten Mal bewusst den vollen Verlust der Kontrolle über den eigenen Körper innerhalb einer großen Zahl anderer Körper erlebt, die sich alle in dieselbe Richtung bewegen, und reagierte darauf mit der wachen Furcht, diese Kontrolle erst an einem mir gänzlich unbekannten Ort ohne Rückweg zur Orientierung wieder gewinnen zu können. Angst als die weniger fokussierte Version von Furcht, ja Panik überfiel mich dagegen regelmäßig in den eng umbauten und zu jeder Tageszeit überfüllten Räumen, die das Zentrum der indischen Megalopolis Hyderabad ausmachten, wenn ich dort aus dem Taxi oder der Rikscha stieg. Denn dort ließ sich keine gemeinsame Richtung für die vielen anderen Körper mehr ausmachen. Ich ahnte ein begrifflich nie ganz zu fassendes Gefühl wie die Bedrohung eines Verschwindens vor mir selbst, die Bedrohung eines gleichsam intransitiven Todes ohne Todesursache.

Zu einer faktischen Gewaltbedrohung würden solche Situationen aber erst durch den eigenen Versuch, den Bewegungen der anderen Körper zu widerstehen, was bei dem Hyderabad-Syndrom mangels einer gemeinsamen Richtung der anderen Körper, die alle in ihre eigenen Richtungen laufen, ausgeschlossen ist. Dass es in beiden Fällen, in der Tokio-Szene und der von Hyderabad, um ein nur aus der Perspektive individueller Isolierung zu vollziehendes Erleben geht, ließe sich als Affinität mit der These von der Konvergenz zwischen Megalopolis und Individualisierung verbuchen. Andererseits könnte es sich bei dieser Art angstprovozierender Situationen auch um Strukturen handeln, die gar nicht gegenwartsspezifisch sind. Das Zentrum von Hyderabad entspricht durchaus auch meiner Vorstellung von einer hoffnungslos überbevölkerten mittelalterlichen Stadt.

Der Eindruck eines Nicht-Verhältnisses, einer Heteronomie zwischen den Megastädten von heute und ihren jeweiligen Vergangenheiten, die in einer neuen Dimension von Raum gleichsam verlorengehen, hat sich für mich immer wieder besonders deutlich eingestellt. Etwa an einem langen Samstag unter dem dunkelgrauen Monsun-Himmel und im heftig warmen Regen von Mumbai. Wir waren zu viert und hatten nur diesen Tag, um einen Eindruck vom ehemaligen »Bombay« zu bekommen. Ob erbeten oder nicht, alle gutgemeinten Ratschläge für Touristen schickten uns zum »Gateway of India«, das am Ozean gelegene und im synkretistischen Stil des Imperialismus gebaute Monumentaltor zur Feier des Besuchs von George V. im Jahr 1911, der als erster König von England und Kaiser von Indien in diese Kolonie gereist war. Der Monarch und seine Königin gingen durch eine Kartonversion des damals erst geplanten Gebäudes an Land. Einige hundert Meter landeinwärts vom Gateway of India steht als ausufernde Version desselben aufdringlichen Stils das Taj-Mahal-Hotel, in dessen Bar wir den obligatorisch englischen Tee trinken wollten. Doch diese materiellen Einzelteile der Vergangenheit kamen im endlosen Regen und in der Formlosigkeit von Mumbai zu keiner Kulisse zusammen, und nicht etwa deshalb, weil sie aus kolonialer Abhängigkeit stammten. Auch das zum Museum erklärte Haus, wo Mahatma Gandhi von 1917 bis 1934 wohnte und arbeitete, stellte für uns weder ein Verhältnis zur Gegenwart noch eine Präsenz der Vergangenheit her. Die Megalopolis löst die von unserem Wissen chronologisch geordneten Schichten der Vergangenheit in ein neutrales Chaos der gleichzeitigen Vielfalt auf.

Nicht anders in Mexiko-Stadt, von seinen Bewohnern »De-efe« genannt (für »Distrito Federal«, nach dem Vorbild von Washington, D. C.), wo die Stadtteile »Colonias« heißen und noch unabhängig-dezentraler wirken als in São Paulo oder Mumbai. »Historisches Zentrum« nennen Verwaltung und Tourismusindustrie den Zócalo, einen Platz, der zu weit ist, um subjektiv ein Verhältnis zu ihm und den ihn umgebenden Gebäuden zu finden. Er war die Mitte von Tenochtitlan, der Hauptstadt der Azteken, und dort wurde schon Anfang des sechzehnten Jahrhunderts die spanisch-koloniale Stadt gegründet. Doch auch den Zócalo erlebe ich als eine Vielfalt zentrifugaler Anweisungen und Angebote an meine historische Imagination, die am Ende leer bleibt. Ähnlich geht es mit dem zu Recht berühmten »Museo Nacional de Antropologia«, dessen Sammlungen die Besucher wie ein reiches Buch aus illustriertem Wissen beeindrucken, ohne je in die Suggestion einer dreidimensionalen Präsenz von Vergangenheit überzugehen. Sie genau schließt der Eindruck eines Raums ohne Grenze aus.

Für den eklatantesten Fall von Disparität zwischen Monumenten aus der Geschichte und ihrer lebendigen Gegenwart halte ich Moskau, wo der Staat Gewalt eher betonen lässt, als sie zu verbergen. Moskau-Besucher werden sofort und offiziell von der Hotelrezeption vor Entführern gewarnt, die am Straßenrand anhalten, um als freundliche Autofahrer Taxi-Dienste anzubieten. Danach dauert es nicht lange, bis die Touristen zum ersten Mal sehen, wie der Chauffeur einer ausladenden Politiker-Limousine eine Blaulichtanlage auf dem Dach des Wagens laufen lässt, die ihm das Halten an Schildern oder Ampeln erspart. An der Inszenierung demokratischer Gleichheit ist hier kaum jemandem gelegen. Doch immerhin hat Moskau wie die meisten europäischen Hauptstädte mit dem Roten Platz und vor allem dem Kreml ein klassisches, tatsächlich doppeltes historisches Zentrum. In der frühen Neuzeit von italienischen Baumeistern geplant und später für ein kurzes Jahrhundert das von Fahnen mit Roten Sternen beflaggte Zentrum der anderen Weltmacht im Kalten Krieg, könnte der Kreml für das besiegte Karthago unserer jüngeren Vergangenheit stehen. Doch nicht einmal diese chronologisch nahe Geschichte wird heute gegenwärtig. Der Verkehr und mit ihm das Leben der Gegenwart rauscht am Kreml vorbei. Auch die Erinnerung an die Gewalt, welche vom beinahe opulent aussehenden, neobarocken Gebäude des ehemaligen KGB in Kreml-Nähe ausgehen könnte, wird von der Präsenz gegenwärtiger Gewalt gebrochen. Denn hätte man Stalins Gewalt tatsächlich in einem Gebäude unterbringen können, dann wäre sie im Vergleich zur Gegenwart übersichtlich gewesen.

Schließlich noch das in seiner Freundlichkeit unverbindliche Los Angeles, dem niemand Gewalt ansieht, der nicht von ihrer Allgegenwart weiß. Die Stadt und ihr Wille, sich in einer Dauerfeier der Hollywood-Vergangenheit oder des 1955 eingeweihten ersten Disneylands im Stadtteil Anaheim zur »Welthauptstadt der Kreativität« zu erklären. Etwas ungelenk versucht das Disneyland von heute, die schöne Naivität seiner Gründungszeit heraufzubeschwören, mit dem Schneewittchen der Brüder Grimm als *Snow White*, dem weichgezeichneten amerikanischen Traum von unschuldiger Erotik, mit den Trickfilmgesichtern der sieben Zwerge, mit dem kalifornischen Flirt von Tinkerbell und Peter Pan. Doch die Naivität der weichen Konturen aus den dreißiger, vierziger und fünfziger Jahren entspricht nicht der besonderen Eleganz, welche die großen Städte von heute auslösen können. Wie auch die Kreativität der Zeichner von damals für die Familien der Zeit zwischen Roosevelt und Kennedy passen sollte und nichts zu tun hatte mit der prekären Agilität des Los Angeles von heute. Schon lange hat der Alltag dieser Stadt den Status der Vergangenheit und das zu ihm gehörende Selbstbild verlassen, an dem sie festhalten zu müssen glaubt.

Die Megalopolis der Gegenwart ist wie für elektronische Kommunikation gemacht, fast kann man sich vorstellen, dass deren Entwicklung aus der Existenz von Riesenstädten hervorgegangen ist. Elektronische Kommunikation macht uns über unser Bewusstsein allgegenwärtig, indem sie Raum aus unserem Leben eliminiert – jenen Raum insbesondere, der als Präsenz von Gewalt so schwer auszuhalten war und sich nicht mehr in Zuhandenheit konkretisierte. Dank elektronischer Kommunikation können wir unsere Begegnungen kontrollieren, der von Gewalt gereinigten Umwelt wieder vertrauen und bis auf weiteres geschickt individuelle Eleganz produzieren. Wird dies eine Art der Existenz auf Dauer sein?

An ein Ende der Welt ohne Grenzen aus Riesenstädten und den Computern, Laptops und Handys, die uns verbinden, wird niemand mehr gelangen, denn ihr Anderes, wenn es das geben könnte, ist nichts als eben die unendlich vielen Peripherien in ihrer Umwelt. Da die Megalopolis von heute keine Grenze und keine Identität hat, schließt sie nichts aus. Selbst Campo Grande im südwestlichen brasilianischen Bundesstaat Matto Grosso do Sul, fast tausend Kilometer entfernt von São Paulo und achthunderttausend Einwohner groß, kann mit São Paulo kommunizieren und elektronisch zu seiner Peripherie werden. Es mag nur ein einziges Zentrum mit der Kraft von São Paulo geben in Brasilien, aber als dieses Zentrum setzt São Paulo nicht auf Distanz. Auch in der Peripherie, die Campo Grande ist, lässt sich jetzt per Ausdehnung und Ansteckung individuelle Eleganz zelebrieren – wie in der Megalopolis.

Doch gibt es andererseits etwas in Campo Grande, in der mittelgroßen Stadt ohne Grenzen, das São Paulo nicht zugänglich ist? Gibt es eine Möglichkeit, dass Campo Grande als elektronische Peripherie doch das Andere der Megalopolis werden könnte (so wie auch Silicon Valley ein anderes geworden ist), vielleicht eine suburbane Welt als Äquivalent der Provinz von gestern? Dann steht etwa die Frage an, ob suburbane Zonen zu neuen Prozessen von Intensität und Leidenschaft gelangen werden, wie sie in der wachen Megalopolis nicht entstehen. Oder löst die Megalopolis das Potential jeder Peripherie auf, etwas anderes zu sein?

Und wie lange wird sich der konturenlose Übergang von Megalopolis zu suburbanem Leben halten? Wir hatten uns vorgestellt, dass auf beiden Seiten die Bevölkerung immer nur wachsen und sich wechselseitig immer weiter überlagern würde. Doch nun hat man hochgerechnet, dass die Menschheit um 2050 ihre größte demographische Ausdehnung erreichen – und danach numerisch und im Raum zurückgehen wird.

Suburbane Erlösung: Silicon Valley

SILICON Valley ist kein Tal, aber das Wort »Valley« in seinem Namen spricht vielleicht dafür, dass die suburbanen Zonen unserer Gegenwart, zu denen es gehört, die Provinz und ihre engen Täler als Teil der eigenen Vorgeschichte voraussetzen. Auch das Ruhrgebiet heißt als frühe Megalopolis und mithin potentielles Gegenüber der suburbanen Welt auf Englisch – ganz ohne geographischen Anlass – »Ruhr Valley«. Was suburbane Welten aus analytischer Perspektive aber vor allem mit der Megalopolis verbindet, einmal abgesehen von dem Eindruck, dass sie sich im Raum kaum voneinander abheben, ist die Schwierigkeit, sie als konturierte Begriffe aufzufassen. So bezieht man zum Beispiel den Namen »Silicon Valley« auf eine Reihe von Städten mit zwischen zehn und hunderttausend (typischerweise sechzigtausend) Einwohnern, die einander in Nord-Süd-Richtung auf der Halbinsel zwischen San Francisco und San José, zwischen der Bay von San Francisco im Osten und dem Pazifik im Westen, ablösen und ineinander übergehen: Redwood City, Menlo Park, Palo Alto, Mountain View, Sunnyvale, Cupertino, Santa Clara – und einige mehr oder weniger. Ein paar von ihnen sind mittlerweile berühmt geworden, andere unauffällig geblieben. Insgesamt füllen diese Orte nicht die ganze Länge der Halbinsel aus; Redwood City im Norden liegt um die vierzig Kilometer von San Francisco entfernt.

Es ist nun einerseits möglich, Silicon Valley als suburbane Peripherie auf San José im Süden zu beziehen, das mit gut einer Million Einwohnern die Gestaltlosigkeit einer Megalopolis hat und deshalb auch manchmal Silicon Valley zugeschlagen wird. Andererseits nennt man auf der Halbinsel allein die 875.000-Einwohner-Stadt San Francisco »the City«, was wohl bedeutet, dass sie als das Andere im Verhältnis zur suburbanen Welt verstanden wird, als klassische Metropole, in deren Nachbarschaft Silicon Valley manchmal wie eine Provinz aussehen mag. Mit seiner markanten geographischen Gestalt und dem Anspruch auf historische Identität hat San Francisco jedenfalls längst Museumsstatus im Stil von Paris, Rom oder New York erreicht, ohne vielleicht je seinen wirklich großen Moment erlebt zu haben. Denn den »Summer of Love« der Hippies im Jahr 1967 assoziiert man eher mit dem Viertel Haight Ashbury oder mit der gesamten Gegend der Bay, und Ähnliches trifft auch auf das Gay Movement und den Stadtteil zu, der »Castro« genannt wird.

Obwohl also Silicon Valley aus der Nähe von San Francisco einen Grad an Kohärenz bezieht, kommen die Städte, die zu ihm gehören, kaum zur Form einer Landschaft zusammen. Dörfer oder Felder gibt es in ihrer Umgebung nicht. Identität als

Landschaft haben nur das landwirtschaftliche California Valley im Osten, ein wirkliches Tal, und Napa Valley, die für gastronomisch anspruchsvolle Wochenenden berühmte Weinbaugegend im Norden. Doch an Silicon Valley grenzen sie beide nicht an. Letztlich ist Silicon Valley nicht nur kein Tal, es entspricht auch trotz des Kontrasts zu San Francisco in keiner Hinsicht der Vorstellung – und schon gar nicht der literarisch aufgeladenen Vorstellung – von einer Provinz. Die kann man nirgends in Kalifornien finden.

Auch deshalb zählt es wohl zu den selbstauferlegten Pflichten kulturell anspruchsvoller Bewohner von Silicon Valley, sich über ihre »suburbane Gegend« zu beschweren und ihr, soweit es geht, zu entkommen. Was genau an der Gegend so viel Peinlichkeit und Widerwillen auslöst, wird zwar als bekannt stets unterstellt, doch nur selten explizit gemacht. Klagen über das Ausbleiben von Theater- oder Opernereignissen hört man häufig, nicht unbedingt von solchen Freunden oder Kollegen, die sonst eine Passion für Bühnenspektakel zeigen. Wer beruflich an Silicon Valley gebunden ist und es sich irgendwie leisten kann, der erwirbt jedenfalls eine Wochenendwohnung in San Francisco (eher als in Napa Valley), ohne sie notwendig zu benutzen – weil es dafür gar nicht so viele Gründe gibt. Noch wirkungsvoller bringt man Distanz mit dem Ankauf einer Immobilie an der Upper West Side von New York zum Ausdruck, was allerdings wirklich teuer kommt und außerdem die nicht einfach zu erfüllende Verpflichtung mit sich bringt, bei jeder Gelegenheit wie nebenbei von dieser Anschaffung zu berichten.

Dass es Tausende, wenn nicht Zehntausende von Silicon-Valley-Bewohnern gibt, die meisten noch keine dreißig Jahre alt, die sich über Ausgaben solchen Volumens keine Gedanken zu machen brauchen, ist weltweit bekannt, wird zutreffend als Konsequenz der ungeheuren Kapitalproduktion durch die elektronische Industrie verstanden – und auch deshalb von den ethisch gestrengen Nachbarn, die oft selbst zu den Höchstverdienern gehören, auf das Sündenkonto der Region gebucht. Gegen diese unter Intellektuellen und Gebildeten übliche Ableitung möchte ich nun als Valley-Bewohner mit eher bescheidenem Professoreneinkommen die eigentlich evidente, aber doch allzu konsequent verschwiegene Feststellung kehren, dass es für die von der elektronischen Technologie ausgelöste Kapitalexplosion ja durchaus gute Gründe gibt. Nichts hat über die vergangenen Jahrhunderte die menschliche Existenz so tiefgreifend verändert wie die Apparate, die wir »Computer« nennen, und die Programme, die ihre Funktionen abrufen. Und hinter den immer neuen Computern und ihren immer weiterentwickelten Programmen stehen Denker, die wir wohl nur deshalb nicht offen bewundern, weil wir uns angehalten fühlen, gut bezahltem Denken zu misstrauen.

Der 1831 inmitten einer Cholera-Epidemie verstorbene Georg Wilhelm Friedrich Hegel hätte dieses Vorurteil nicht unbedingt geteilt. Besessen war er auf jeden Fall lebenslang von der eigentümlichen Frage, an welchen Orten der Weltgeist jeweiliger Gegenwarten sich aufhielt und artikulierte. Als er zum Beispiel 1807 den französischen Kaiser Napoleon durch die Universitätsstadt Jena reiten sah, schrieb er seinem Freund Friedrich Immanuel Niethammer, er »habe den Weltgeist auf dem Rücken eines Pferdes gesehen«. Hegel, davon bin ich überzeugt, würde auf Silicon Valley und seine Programmierer setzen, wenn er sich heute seine Lieblingsfrage nach dem Ort des Weltgeists stellen könnte. Doch wie kommt es überhaupt, dass wir Anlass zu einer solch philosophiegeschichtlich eher spielerischen und doch nicht völlig absurden Spekulation haben? Wie konnte es dazu kommen, dass eine von den Gebildeten verachtete Gegend wie Silicon Valley, die auch nie eine provinzielle Welt nach dem Muster der klassischen europäischen Universitäten war, zum Arbeitsplatz des Weltgeists wurde, zum Ursprung eines welthistorischen Umbruchs und zu einem Zentrum der globalen Wirtschaft?

Fragen dieser Art lassen sich bekanntlich, wenn überhaupt, nur historisch beantworten, und dass für das Entstehen und den Aufstieg von Silicon Valley die Geschichte der Stanford University ausschlaggebend war, gehört längst nicht mehr nur zum lokalen Wissen. Einige Gestalten und Konstellationen dieser doppelten Vergangenheit von Silicon Valley und Stanford möchte ich hervorheben, natürlich mit dem Ziel, die heutige Situation der suburbanen Gegend verständlich zu machen – aber auch auf der Suche nach Einzelheiten mit mythographischem Potential.

Die Gründung von Stanford geht, wie der offizielle Name der Universität als »Leland Stanford Jr. Memorial University« andeutet, auf die Trauer eines alternden Ehepaars über den Tod ihres einzigen Kinds zurück. Leland Stanford Sr., der Vater des Namensgebers für die Universität, war zur Zeit der Goldgräber-Euphorie mit seiner Frau Jane aus Albany, der Hauptstadt des Staates New York, nach Kalifornien gekommen und erwarb ersten Wohlstand mit Läden, die den Abenteurern alltägliches Leben ermöglichten. Bald stieg er zum entscheidenden Investor beim Bau der Eisenbahnstrecke vom Pazifik in westliche Richtung auf, wurde für zwei Jahre zum Gouverneur von Kalifornien gewählt und brachte ein Vermögen zusammen, das in seiner Gegenwart den Besitzständen der Silicon-Valley-Protagonisten von heute entsprach. Doch erst 1868, im achtzehnten Jahr ihrer Ehe und im neununddreißigsten Jahr ihres Lebens, als Leland Sr. im Zenit der geschäftlichen und politischen Karriere stand, brachte Jane Stanford ihren Sohn Leland Jr. zur Welt.

Kurz vor dem sechzehnten Geburtstag schickten die stolzen Eltern ihren offenbar aufgeweckten

Sohn mit einigen Erziehern auf die damals für Heranwachsende seines Status obligatorische »Grand Tour« durch Europa, bei der er sich in Istanbul mit Typhus infizierte und trotz aller zur Verfügung stehenden Therapieversuche wenige Wochen später, am 13. März 1884, in Florenz starb. Von jenem Tag an stand das Leben der Eltern unter dem einzigen Vorsatz, ein monumentales Zeichen der Erinnerung an ihren Sohn zu errichten. Bei einer spiritistischen Sitzung in Paris sollen sie seinen Auftrag vernommen haben, »eine Universität für arme Kinder zu schaffen«. Diese Hochschule wurde im Herbst 1891 eröffnet – finanziert mit dem zu jener Zeit immensen Betrag von vierzig Millionen Dollar, vier Fünftel des Stanford-Vermögens. Dem aus dem Jenseits geäußerten Wunsch von Leland Jr. gemäß wurden über die ersten Jahre keine Studiengebühren von den aufgenommenen Studenten erhoben. Fredrick Law Olmsted, ein berühmter dänisch-amerikanischer Landschaftsarchitekt, der an der Planung des Central Park in New York beteiligt gewesen war, hatte die Konzeption zur Umformung einer Farm für Traberpferde, denen das Interesse von Leland Stanford Sr. galt, in das Areal eines Universitätscampus erarbeitet, einschließlich einiger Typen von Gebäuden, deren Grundform verbindlich für alle Architektur-Projekte in Stanford geblieben ist. Die Verwirklichung dieser Vision im Sandstein eines »neohispanischen Stils« versuchen wir bis heute mit intellektueller Leidenschaft zu füllen.

Nicht im Raum einer schon bestehenden Stadt setzte also die Hochschule an – wie es die Universitäten der europäischen Provinz getan hatten. Vielmehr war das Entstehen der Stadt Palo Alto eine Folge der Universitätsgründung und des Beschlusses, deshalb eine Station an der nahen Bahnlinie einzurichten. Über seine ersten sechs Jahrzehnte erfüllte Stanford dann als solide private Hochschule des amerikanischen Westens durchaus die Hoffnungen seiner Sponsoren – und überbot sie sogar, wenn man in Betracht zieht, dass ihnen zunächst eine Institution zur Ausbildung für landwirtschaftliche Berufe vorgeschwebt war. Wie eine Serie von Photographien suggeriert, welche die Universität heute unter dem Titel »Caretakers of a Legacy« zur historischen Image-Pflege verwendet, entsprach das Stanford des frühen zwanzigsten Jahrhunderts dem damals gängigen Bild vom modernen akademischen Leben – ohne intellektuell mit der auf der anderen Seite der Bay liegenden, schon international berühmten University of California Berkeley mithalten zu können oder auch nur zu wollen.

Ab und an machte Stanford freilich von sich reden, etwa mit seiner national herausragenden Mannschaft im American Football, einem damals ausschließlich an Colleges betriebenen Sport, oder mit der Wahl von Herbert Hoover, einem Mitglied des ersten Studentenjahrgangs, zum Präsidenten der Vereinigten Staaten, Monate vor der Wirtschaftskatastrophe von 1929. Sportliche Spitzenleistungen und die von Hoover schon 1919 in Reaktion auf die Entstehung der Sowjetunion gegründete »Institution on War, Revolution and Peace« gehören bis heute zu Stanford – ebenso wie erstaunlicherweise das nicht nur institutionelle Bewusstsein, auf das Gedenken des 1884 gestorbenen Leland Jr. verpflichtet zu sein.

Die Geschichte jener Symbiose der Universität mit ihrer Umwelt, aus der Silicon Valley hervorgehen sollte, beginnt mit einem nur von der akademischen Geschichte geführten Namen und einer auf den ersten Blick gar nicht besonders eindrucksvollen Idee zur Überschreitung der akademischen Institution. 1910 kam der 1900 geborene Frederick Terman nach Stanford, wo sein Vater auf einen Psychologie-Lehrstuhl berufen worden war, um die Universität und Palo Alto – mit den zwei Ausnahmen der Doktorandenzeit am Massachusetts Institute of Technology und der Mitarbeit an einem militärischen Forschungsprojekt in Harvard während des Weltkriegs – bis zu seinem Tod im Jahr 1982 nicht mehr zu verlassen. Als Professor für »Electrical Engineering« war es Terman offenbar von Beginn ein besonderes Anliegen, die Studenten zum aktiven Nachdenken über ihre beruflichen Chancen im damals ganz auf die Landwirtschaft konzentrierten nördlichen Kalifornien anzuhalten. Aus diesem Zusammenhang soll schon Mitte der dreißiger Jahre der heute zu einem globalen Schlagwort gewordene Begriff des »Start-up« hervorgegangen sein.

Im Kern seiner ursprünglichen Bedeutung verband er den Mut, Projekte ausgehend vom Marktpotential exzentrischer Ideen zu entwickeln, mit der Bereitschaft, solche Intuitionen je nach Erfolgslage auch zu revidieren – und vor allem früh genug einzustellen, wenn sie die finanziellen Hochrechnungen nicht erfüllten. Eine neue Flexibilität an der Schnittstelle von Technologie und Wirtschaft trat an die Stelle von langfristig durchgehaltener Planung als höchstem Wert beruflicher Arbeit. Anders und philosophischer formuliert: Die entscheidende Komponente der neuen Start-up-Mentalität lag in der konzentrierten Gelassenheit, mit der sie auf die Entfaltung von Ereignissen reagieren sollte. Vor dem Hintergrund langfristig praktischer und akademischer Erfolgstraditionen hätte eine solche Einstellung wohl nicht entstehen können.

Emblematisch für den hier einsetzenden Aufschwung von Stanford und seiner Umwelt wurde die Zusammenarbeit der Terman-Studenten Bill Hewlitt und David Packard, die 1935 ihre Ausbildung abgeschlossen hatten und 1938 einen ersten geschäftlichen Erfolg mit dem Verkauf billig hergestellter Messinstrumente für die Produktion des Trickfilms »Fantasia« an die Disney Company landeten. Die übergreifende Einstellung einer neuen Offenheit in der beruflichen Praxis ging also den fokussierten Ansätzen zur Entstehung der elektronischen Technologie im eigentlichen Sinn und auch der Oszillation zwischen der Stanford University und der neuen Industrie um ein gutes Jahrzehnt voraus. Den Beginn des Steilflugs dann, der aus dem soliden Stanford eine Universität der internationalen Avantgarde machte, datieren die Wissenschaftshistoriker erst auf die Jahre ab 1945, als Frederick Terman Dekan der Ingenieurswissenschaften und von 1955 bis 1965 Provost (Kanzler) der Universität wurde. Erfolge der Hochschule waren – und sind bis heute – synchronisiert mit den Etappen der Industrie von Silicon Valley, in denen sich die Herstellung von Apparaten (auf sie geht die Assoziation der Region mit »Silikon« zurück), die Entwicklung von Programmen und die Arbeit in künstlicher Intelligenz als Schwerpunkte der Konzentration ablösten.

Erst seit den achtziger Jahren scheint die Universität wirklich die institutionellen Potentiale ihres neuen Status realisiert und entschlossen befördert zu haben. Zu den systematisch verfolgten Schritten gehörte eine Welle von Berufungen vergleichsweise junger Spezialisten in die nur sporadisch besetzten geisteswissenschaftlichen Fachbereiche, wo bis dahin einige international bekannte Denker mit Kollegen ohne Namen und Profil zusammengewirkt hatten. Dieser Maßnahme verdanke ich die produktivste Zeit meiner eigenen intellektuellen Arbeit – vor allem, weil sie sich unter dem Vorzeichen der für Silicon Valley typischen Offenheit vollzog. Es blieb nämlich nicht bei der Bemühung, zuvor vernachlässigte Dimensionen der Forschung und Lehre auf ein respektables Niveau zu heben. Lange vor anderen Universitäten scheint Stanford in diesem Zusammenhang die Erfahrung vollzogen zu haben, dass von der Präsenz einer lebhaften Auseinandersetzung mit den Traditionen von Philosophie, Literatur und Kunst eine Inspiration für die praktisch orientierten Disziplinen ausgehen kann. In einem Interview mit dem »Wall Street Journal« antwortete John Hennessy, vielleicht der erfolgreichste Rektor in der Geschichte Stanfords und ein Spezialist auf dem Gebiet der Computer-Architektur, auf die Frage nach der Funktion der Geisteswissenschaften für eine Hochschule in Silicon Valley mit dem lapidaren Satz: »Only the Humanities make the University into an intellectual place.« Unterstellt war, dass gerade die Praxis eines nicht auf konkrete Ziele ausgerichteten Denkens sich als optimaler Stimulus für Ereignisse des Durchbruchs auf dem Weg zu Lösungen naturwissenschaftlicher und technologischer Probleme erweisen könne. Hennessy übrigens verbringt bis heute einen großen Teil seiner Freizeit mit der Lektüre klassischer englischer und französischer Romane aus dem neunzehnten Jahrhundert.

Natürlich will ich die Geschichte von Silicon Valley, das heißt den Prozess der oszillierenden Symbiose zwischen Stanford und der elektronischen Industrie, nicht als eine sich aus dem Zusammenspiel von übergreifenden Vektoren notwendig ergebende

Entwicklung darstellen. Ohne Frederick Termans Sorge um die Zukunft seiner Studenten, ohne die Erfindungen von Ingenieuren wie Bill Hewlitt und David Packard, ohne John Hennessys Sensibilität für die Inspiration der Geisteswissenschaften wäre Stanford wahrscheinlich eine private Universität der gehobenen Mittelklasse und Nordkalifornien eine allein für ihren Weinbau bekannte Region geblieben. Gegen diesen Status quo durchgesetzt hat sich über mittlerweile beinahe ein Jahrhundert die bereits beschriebene Struktur der Aufmerksamkeit, welche verschiedenste Anzeichen von Innovation verstärkend aufzunehmen und zu entwickeln imstande ist. Genau sie half mir auch, die Form einer freiwilligen wöchentlichen Lektüregruppe für klassische philosophische Texte, die ich an der Bochumer und der Siegener Universität organisiert hatte, nach 1989 unter Stanford-Bedingungen zu verändern und weiterzuführen. Die ersten Kommentare meiner Kollegen auf diesen Plan fielen skeptisch aus. Mit welcher Motivation, wandten sie ein, sollten Studenten mehrere Stunden ihres unter Stanford-Bedingungen stets angespannten Zeitbudgets in von einem Literaturwissenschaftler angebotene Diskussionen über philosophische Werke investieren? Und in der Tat begleitete mich bei der ersten »Philosophical Reading Group« nur ein einziger Doktorand über die zehn Wochen des Wintertrimesters 1989/90 in Gesprächen über Friedrich Nietzsches »Jenseits von Gut und Böse«.

Deshalb war ich einigermaßen überrascht zu sehen, dass aus unserem Dialog beim hartnäckigen nächsten Versuch im folgenden Frühjahr eine kleine Gruppe wurde, welche die Plätze um den runden Seminartisch füllte. Als ich wenige Trimester später eine Diskussion von Hegels »Logik« vorschlug, wurde mein italianistischer Kollege Robert Harrison Teil des Gesprächs, und seither ist »PRG«, wie die Studenten unsere Treffen bald nannten, um die Achse von Roberts und meinen oft gegenstrebigen Konvergenzen, in immer neuen Konfigurationen und über drei Jahrzehnte für viele von uns zu einer Quelle intellektueller Energie geworden. Wir treffen uns jeden Donnerstagabend in der Vorlesungszeit um 18.30 Uhr, diskutieren oft mehrere Stunden lang, bis die Konzentration nachzulassen beginnt, und beschließen unsere Gespräche beim Essen in einem türkischen Restaurant mit dem Namen »Sultana«. Derzeit interessieren sich regelmäßig zwischen dreißig und vierzig Studenten und einige Kollegen für die Texte, die mein Freund Robert und ich aussuchen. Dass Palo Alto kaum nichtakademische Alternativen für den Abend zu bieten hat, mag die vergleichsweise große Zahl von College-Studenten bei PRG erklären.

Da die meisten von ihnen in ihren offiziellen Studiengängen als Undergraduates primär (aber aus institutionellen Gründen nie ausschließlich) natur- und ingenieurswissenschaftliche Veranstaltungen belegen, sind unsere Debatten zu einer Übung im riskanten Denken geworden. Damit meine ich die bereits im vorigen Kapitel erwähnte Bereitschaft, den Rahmen institutionell definierter Kompetenzbereiche zu verlassen – womit unter anderen Vorzeichen vor allem bei offiziellen Lehrveranstaltungen für Studenten und Professoren je spezifische und oft unannehmbare Risiken problematischer Kompetenzüberschreitung verbunden sind. Innerhalb einer Arbeitsgruppe aber, die keinen Platz in den offiziellen Studiengängen beansprucht, wird aus dem Risiko eine Chance geistiger Freiheit. Hier liegt eine Differenz etwa gegenüber den berühmten Marburger Kolloquien von vor fast einem Jahrhundert. Während Bultmanns Oberseminar mit Heidegger theologisches und altphilologisches Wissen voraussetzte und ein reguläres Hauptseminar über Heideggers späte Schriften heute zur Berücksichtigung aller existierenden Auslegungen des Begriffs vom »Sein« verpflichtet wäre, kann sich PRG zum Beispiel das Risiko der These leisten, es handle sich dabei um eine Rückkehr des von Kant aus der Philosophie ausgeschlossenen Konzept des »Dings an sich« – einmal ganz abgesehen von Robert Harrisons produktiv-riskanter Neigung, naturwissenschaftliche Forschungsergebnisse als Inspiration für Thesen über das menschliche Leben der Zukunft zu nutzen.

Was nicht nur »Heidegger-Spezialisten« möglicherweise als die Naivität eines solchen Vorschlags abtäten, kann sich als seine Stärke erweisen. Denn riskante Thesen wecken ja Kräfte und Argumente des Widerstands, wie sie die Dynamik von Debatten beleben. Am Ende vieler PRG-Abende befinden wir uns, auf dem Weg vom Campus zu »Sultana«, in der Stimmung einer immer neue Begriffe und Argumente hervorbringenden Euphorie, mit der ich vorher nie rechne und die es angenehm unmöglich macht, gleich zu den Themen der Alltagskonversation überzugehen. Nicht auf Ergebnisse »unter dem Strich« oder gar auf die Gewissheit eines Konsensus sind wir aus, sondern auf den je nächsten Schritt in einer Dynamik des Denkens, der uns alle auf unbekannte Bahnen intellektueller Begierde führt.

Zum Potential des riskanten Denkens gehören der Versuch oder die Versuchung, neue Bewegungen der Reflexion immer wieder den angestammten Horizonten der eigenen Arbeit zuzuführen. Ein Student des zweiten College-Jahrgangs, der sich als Ausnahmetalent bei der Entwicklung künstlicher Intelligenz erwiesen hat, berichtet mir von der Erfahrung, dass er nur dann Fortschritte macht, wenn er seine Intuitionen im Prozess des Programmierens (»writing code«, sagen die Spezialisten) auf einer Distanz von Sekundenbruchteilen gegenüber der gedanklichen Erfassung dieser Intuitionen hält. Die Finger auf dem Keyboard, sagt er und macht die entsprechende Handbewegung, sind dem Bewusstsein stets etwas voraus. Könnte dies, will er wissen, Heideggers Gewissheit (eigenartig, dass Heidegger so sehr bei den Computer-Science-Spezialisten der jüngsten Generation einschlägt), könnte dies Heideggers Gewissheit entsprechen, dass sich »das Sein nur dann selbst entbirgt«, wenn wir (als »Dasein«) ihm in Gelassenheit begegnen, statt intellektuell auf seine »Selbst-Entbergung« zu drängen?

Warum nicht, antworte ich, da könnte schon eine Affinität der Reaktionen liegen, bin mehr beeindruckt, als meine wenigen Worte vermuten lassen, und frage zurück, ob Sam, so heißt der Student und PRG-Freund, sich denn nicht vor der Möglichkeit fürchte, dass eine der menschlichen Intelligenz überlegene künstliche Intelligenz, zu deren Entstehen er ja beitragen will, die Menschen unterwerfen – oder sogar die Menschheit auslöschen werde. Dies sei ihm durchaus klar, doch die Anziehungskraft jeglicher Aussicht, den Moment des Erscheinens einer solchen Intelligenz mitzuerleben und sogar zu provozieren, sei so überwältigend, dass er alle nicht mehr nur intellektuellen, sondern existentiellen und physischen Risiken in Kauf nehme. Ja, man könne durchaus von einer Sucht sprechen. Vielleicht auch von einer neuen Art der Leidenschaft, einer auf künstliche Intelligenz ausgerichteten Leidenschaft des Code-Schreibens, welche die im suburbanen Silicon Valley und in Stanford nur selten aufkommende erotische Leidenschaft ersetze, fügt Sam mit dem abgeklärten Stirnrunzeln eines Erwachsenen hinzu, der er noch nicht ist.

Anhand dieser anderen Leidenschaft, stelle ich mir vor, ergäbe sich immerhin eine Nähe zwischen der klassischen Provinz (oder genauer: dem literarischen Bild von ihr) und dem suburbanen Leben als einem Äquivalent unserer Gegenwart. Doch wie entsteht solche Programmierleidenschaft, die möglicherweise mit der nüchternen Euphorie der besten PRG-Abende konvergiert? Wenn ich es recht verstehe, dann findet die Arbeit an künstlicher Intelligenz auf der Linie der heutigen Osmose zwischen Stanford und Silicon Valley statt. Viele, wenn nicht die meisten ihrer besten Programmierer scheinen College-Studenten zu sein, aber sie und ihre Algorithmen treffen sich in Start-ups, die nicht zu den offiziellen Institutionen der Universität gehören.

Andererseits geben mir die Beschreibungen von Bewohnern der Start-up-Welt tatsächlich den Eindruck, dass eine Verwandtschaft zur spezifischen Dynamik unserer Lesegruppe existiert. Die derzeitige Größe von PRG liegt mit dreißig bis vierzig Teilnehmern auf der Ebene eines außergewöhnlich großen Start-ups, typischer sind Zahlen zwischen zehn und zwanzig Personen. Hierarchien gibt es, doch sie wirken flach. Auch PRG lässt Robert Harrison und mich ja über eine gewisse Autorität verfügen (wir wählen etwa ohne weitere Abstimmung und Konsultation die pro Trimester zu diskutierenden Texte aus), aber weder bestimmen wir den Gang der Diskussion, noch kommt unseren Meinungen prinzipiell ein größeres Gewicht zu als denen der anderen Personen um unseren Seminartisch.

Entscheidend ist für die Start-ups wie auch für PRG aber jenes Vertrauen auf das Ereignis und auf die Prozesse von Intensität. Wie entstehen sie? Unsere Philosophiegespräche zumindest fangen im Stil eines Brainstorming an: mit verschiedenen, auf die gelesenen Texte bezogenen Reaktionen und Thesen, die nicht notwendig einen Dialog oder Austausch suchen. Wir sind aufmerksam auf Bewegungen, die von solcher Offenheit oder Kontingenz zum Eindruck wachsender Unvermeidlichkeit nicht so sehr in den Inhalten, sondern im Rhythmus und der Richtung der Diskussion führen. Kein Gedanke mehr an Ergebnisse, Übereinstimmungen oder Erfolg. Gelingen muss nur immer wieder das Ereignis des jeweils nächsten Schritts. Am Ende entstehen mit wachsender physischer Erschöpfung PRG-Euphorie oder Programmierleidenschaft. Und wie es bei PRG keine Credit Points gibt, so scheint den Programmierern der künstlichen Intelligenz in Silicon Valley nicht viel an den Summen gelegen, die sie in ihren Start-ups verdienen können (viele von ihnen finden gar nicht die Zeit, den Lebensstandard an ihr Finanzpotential anzupassen).

Es geht ihnen um einen Prozess, eine Leidenschaft und eine Sucht, auf die man gleichsam »aufspringen« kann und von deren leicht zum Zwang werdenden Dynamik man sich rechtzeitig – wann immer genau das sein mag – wieder lösen sollte. Als Motiv des Bewusstseins vom eigenen Potential des Denkens und Handelns gilt in Stanford und Silicon

Valley nicht mehr das früher für die Vereinigten Staaten als »Land der unbegrenzten Möglichkeiten« stehende »Everything is possible«, sondern – in einer gewollten Um-Betonung – »Nothing is impossible«. Worin genau besteht der Unterschied? Das zweite Motto, das Motto von Silicon Valley, schließt ein, was in der eigenen Imagination noch nicht vorgekommen ist – und noch gar nicht vorkommen kann. Das zweite Motto schließt all das ein, was sich in meiner Gegenwart – und vielleicht ausgelöst von meiner Gegenwart – ereignen könnte, um dann von intensiver Aufmerksamkeit registriert und befördert zu werden, die offen und zugleich fokussiert ist, von einer Aufmerksamkeit der suburbanen Welt.

Und was in diesem Sinn vor einem knappen halben Jahrhundert noch Teil jener Zone des »Nicht-Unmöglichen« gewesen sein muss, die niemand sich vorzustellen vermochte, hat sich zur großen, das menschliche Leben profund verändernden Leistung der Technologie und der Industrie von Silicon Valley konkretisiert. Diese Technologie und ihre Industrie haben uns – zumindest im Medium des Bewusstseins – allgegenwärtig gemacht. Umgekehrt haben sie die Relevanz des Raums aus unserer Existenz eliminiert (oder jedenfalls seinen Status drastisch herabgesetzt). Eigentlich müsste der Relevanzverlust des Raums auch auf Silicon Valley zutreffen. Denn wer täglich für Google, Facebook oder Oracle arbeitet, der ist schon seit langem nicht mehr verpflichtet, sich auch hier aufzuhalten. Und doch bleibt bisher – trotz aller gegenläufigen Prognosen – auf der Halbinsel wohnen, wer immer dazu die Möglichkeit sieht. Wir alle haben als Paradoxon von Silicon Valley erlebt, dass sich ausgerechnet jene Industrie und jenes Personal, welche die Relevanz des Raums so herabgesetzt haben, anscheinend bedingungslos an den Raum ihrer Entstehung binden – mit der Auswirkung extrem steigender Immobilienpreise und einmal ganz abgesehen von der nie aussetzenden Drohung eines Erdbebens mit irreversibel zerstörerischen Folgen. Warum bleiben wir, warum bleiben die jungen Leute – trotzdem – in Silicon Valley, das gewiss als schön, aber ebenso sicher nicht als hinreißend gelten kann? Die Programmierer sagen, dass sie hier besser und effizienter Code schreiben als in Los Angeles und Seattle, Miami, New York oder Boston, Tokio, Moskau oder São Paulo.

Woran könnte das liegen, sollte es denn zutreffen? Hat dieser nordkalifornische Raum ohne die Enge eines Tals wirklich irgend etwas Besonderes zu bieten? Es gibt die »historischen«, geräumigen und für Akademiker längst unerschwinglich gewordenen Häuser, die für die ersten Stanford-Professoren gebaut wurden. Meine Frau und ich leben in einem Komplex von hundertundzwanzig ineinander verschachtelten Wohneinheiten, die mit Redwood-Schindeln bedeckt sind und in den achtziger Jahren beinahe einen nationalen Architekturpreis gewonnen haben sollen. Zur lebhaften Fußgängerzone der

California Avenue mit ihren ebenso freundlichen wie gastronomisch ausgezeichneten Restaurants (zwei davon haben Michelin-Sterne) läuft man eine halbe Stunde. Doch die Architektur und das soziale Leben halten uns nicht hier. Sie sind bloß eine entspannte Version von globalen Standards der gehobenen Mittelklasse.

Vielleicht ist es der per Auto in vierzig Minuten zu erreichende Pazifik – als das graue, manchmal vom Wind zerrissene und von Wolken verhangene Ende der Welt? Worum es aber vor allem geht, was den entscheidenden Unterschied ausmacht, von dem die Kraft der Aufmerksamkeit und des Denkens kommt, weiß ich schon seit dem ersten nordkalifornischen Tag meines Lebens im Frühjahr 1980. Es ist das Licht. Nicht ein Sonnenlicht, das sich »golden« auf die Gegenstände legt und über sie fließt. Ich meine Licht als Helligkeit und Transparenz, Licht, in dem sich die Gegenstände in ihrer Singularität und Konkretheit zeigen, statt beleuchtet zu werden. Am deutlichsten während des späten Nachmittags, wenn dieses Licht, ohne zu fließen, manchmal für einen Moment Farbe und beinahe Gewicht annimmt, ohne schwer zu werden. Als Licht der Gegenwart wirkt es und als Gegenwart des Lichts, es ist kein Licht der Dämmerungen und Übergänge, die sich hier ohnehin sehr schnell vollziehen. Ein Licht, in dem sich etwas ereignen kann, ohne am Moment des Davor oder des Danach zu hängen. Das Licht von Ereignissen in einer Gegenwart, von

Ereignissen, die man auffasst und die Euphorie und Ekstase entstehen lassen, ohne Schatten zu werfen.

Diese Sätze sollen nicht die klassische Aufklärungsmetapher vom Licht als dem Medium des Geistes nachzeichnen. Das reale kalifornische Licht muss ganz unmetaphorisch der Ursprung all der Inspirationen, Entdeckungen und Erfindungen gewesen sein, die von hier ausgingen. Und als Licht der Gegenwart wirkt es auch in konkretem Sinn als ein Licht der Erlösung. Denn solches Licht macht die Leidenschaft zu einer Gegenwart, zu einer gegenwärtigen Intensität, die von Vergangenheit und Zukunft unabhängig wird. Anders als die Leidenschaften von Félix Grandet und von Eugénie, anders als die Leidenschaften von Lucien de Rubempré und von Vautrin – doch ganz ähnlich wie die Leidenschaft von Mme de Rênal und Julien Sorel im Angesicht des Todes, weil Mme de Rênal und Julien Sorel im Angesicht des Todes Vergangenheit und Zukunft vergessen. Dies ist auch das Licht des riskanten Denkens, das die Furcht vor Fehlern und vor Konsequenzen ausblendet.

Am Ende seines Essays aus dem Jahr 1951 über den »Homme Révolté«, wo Albert Camus mit den totalitären Ideologien des frühen zwanzigsten Jahrhunderts abrechnet, weil sie eben die Gegenwart des Lebens an Bestimmungen durch die Vergangenheit und an Versprechen auf die Zukunft verraten haben (an das Versprechen der Vorstellung von einer »klassenlosen Gesellschaft« zum Beispiel), beschreibt er

Ithaka, den »Landstrich des Südens« (»La Terre du Midi«), das algerische Nordafrika seiner Geburt als Land einer hellen Gegenwart, die von Vergangenheit und Zukunft erlöst. Man »dürfe die Gegenwart nicht über der Zukunft vergessen«, heißt es, und müsse sich für den Ort seiner Existenz entscheiden:

»Wir entscheiden uns für Ithaka, die treue Erde, das kühne und nüchterne Denken, die klare Tat, die Großzügigkeit des wissenden Menschen. Im Lichte bleibt die Welt unsere erste und letzte Liebe. Unsere Brüder atmen unter dem gleichen Himmel wie wir; die Gerechtigkeit lebt. Dann erwacht die sonderbare Freude, die zu leben und zu sterben hilft und die auf später zu verschieben wir uns fortan weigern.«

Wem es gelingt, für Momente allein in der Gegenwart zu leben, der kann »kühn und nüchtern« denken, denken im Licht, der kann großzügig sein, der kann wissen, dass er allein diese Welt und dieses Leben als Gegenstand für seine Liebe hat – nur sie.

Doch wenn ich schon das Potential und die Möglichkeit von Silicon Valley als Bejahung des Lebens und als Konzentration auf die Gegenwart im Licht verstehen will, kann ich die suburbane Welt wirklich auch als Zone der »lebendigen Gerechtigkeit« ansehen? Eine wirklich gewordene Sozialutopie aus der Vergangenheit ist Silicon Valley ja beileibe nicht, niemand wird den Reichtum, der hier produziert wird, mit Gerechtigkeit verwechseln. Aber solange Silicon Valley nur in der Gegenwart lebt, kann sein Leben nicht ungerecht sein. Nichts wird aufgescho-

Nachweise

Die Zitate in den Kapiteln vier, fünf und sieben sind folgenden Werken entnommen:

Charles Baudelaire: »Tableaux Parisiens«. Aus dem Französischen von Walter Benjamin. Frankfurt am Main 1963.

Honoré de Balzac: »Eugénie Grandet«. Aus dem Französischen von Hedwig Lachmann. Frankfurt am Main 1988.

Honoré de Balzac: »Verlorene Illusionen«. Aus dem Französischen von Melanie Walz. München 2014.

Honoré de Balzac: »Glanz und Elend der Kurtisanen«. Aus dem Französischen von Felix Paul Greve. Frankfurt am Main/Leipzig 1996.

Charles Baudelaire: »Der Maler des modernen Lebens«. Aus dem Französischen von Werner Wanitschek in: Signaturen. Forum für autonome Poesie.

Gustave Flaubert: »Madame Bovary«. Aus dem Französischen von Arthur Schurig (revidierte Fassung). Frankfurt am Main 1976.

Gustave Flaubert: »Lehrjahre des Gefühls«. Aus dem Französischen von Maria Dessauer. Frankfurt am Main 2001.

Clarin: »Die Präsidentin«. Aus dem Spanischen von Egon Hartmann. Berlin 1971.

Theodor Fontane: »Effi Briest«. In: Werke in drei Bänden, herausgegeben von Kurt Schreinert, Band II. München 1968.

Germaine de Staël: »Über Deutschland«. Nach der Übersetzung von Robert Habs, herausgegeben und eingeleitet von Sigrid Metken. Ditzingen 1962.

Albert Camus: »Der Mensch in der Revolte«. Aus dem Französischen von Justus Streller. Reinbek 1969.

Atlas der Ermutigung

ÜBER die Provinz nachzudenken und sie zu beschreiben, wurde viel schwieriger, als ich angenommen hatte und als es der leichtherzige Titel dieses Buchs aussehen lässt. Dass mir weder die Lust noch ganz der Faden verlorenging, lag an der Ermutigung von lesebereiten Freunden, denen ich in geographisch-alphabetischer Ordnung danken möchte

in Ann Arbor:
Andy Markovitz, der meine Prosa total überschätzt;

in Bamberg:
Leonhard Moeckl für die Träne in Erinnerung an Coupa Café;

in Berlin:
Malte Barck, der nicht lockerlässt und sich Sorgen um dünnhäutige Seelen macht,
und Melanie Möller für die grammatikalische Empathie von sieben rennenden Kommentaren;

in Campo Grande:
Gabriel Lima Leal für Reaktionen in der Form von Prosa-Gedichten
und Oslei Bega für Kirchenglocken aus der brasilianischen Provinz;

in Curitiba:
Greicy Pinto Bellin für explosive Ungeduld;

in Erpolzheim:
Vittoria Borsò, für die der Rhythmus auf dem Weg nach Paris nicht gepasst hat;

in Hamburg:
Cai Werntgen, der mehr mit den Tönen als Begriffen anfangen wollte,
und Isa Speh für attraktiv vergiftete Würzburg-Erinnerungen;

in Jerusalem:
Christian Wollin für einen Satz über französische Literatur und die Moderne;

in Kronberg:
Ludwig Pfeiffer, der sich nicht abbringen lässt von schöner Unvorhersehbarkeit;

in Lissabon:
Miguel Tamen, der lieber von Marburg als von Coimbra liest;

in Lüneburg:
Anne Hamilton für die Idee, ein Provinz-Buch zu schreiben;

in Mainz:
Doris Lindner, deren Stimmung zwischen Kapiteln changiert;

in Olgiate Comasco [und Stanford]:
Andrea Capra for Thursday mornings at eight a.m.;

in São Paulo:
Nicolao Spadonoi für die Entdeckung, dass er der [viel] jüngere Bruder von Antônio Cândido ist;

in Stanford:
Adrian Daub, der auch ein Provinz-Buch schreiben will,
to Robert Harrison who turns stones upside down to smell Province,
and Ken Pottle, for keeping Green Library open and my mind awake;

in Trier:
Christel Baltes, die immer noch was sieht;

am Vogelsberg:
Jochen Hieber, dem großstädtischen Provinz-Spezialisten, für Gemeinplatz-Intoleranz

in Zürich:
René Scheu, der freundlich nie nachgibt.

2021
zu Klampen Verlag
Röse 21 · D-31832 Springe
info@zuklampen.de · www.zuklampen.de

Reihenentwurf: Martin Z. Schröder, Berlin
Satz: textformart, Göttingen
Gesetzt aus Baskerville Ten
Druck: CPI – Clausen & Bosse, Leck

ISBN 978-3-86674-814-9

Bibliographische Information der
Deutschen Nationalbibliothek:
Die Deutsche Nationalbibliothek
verzeichnet diese Publikation in der
Deutschen Nationalbibliographie;
detaillierte bibliographische Daten
sind im Internet abrufbar:
http://dnb.d-nb.de